受け継ぐ暮らし

より子式・四季を愉しむ家しごと

坂井より子

COMODO
LIFE BOOK
技術評論社

目次

3 秋の暮らし

4 冬の暮らし

暮らしの工夫

column

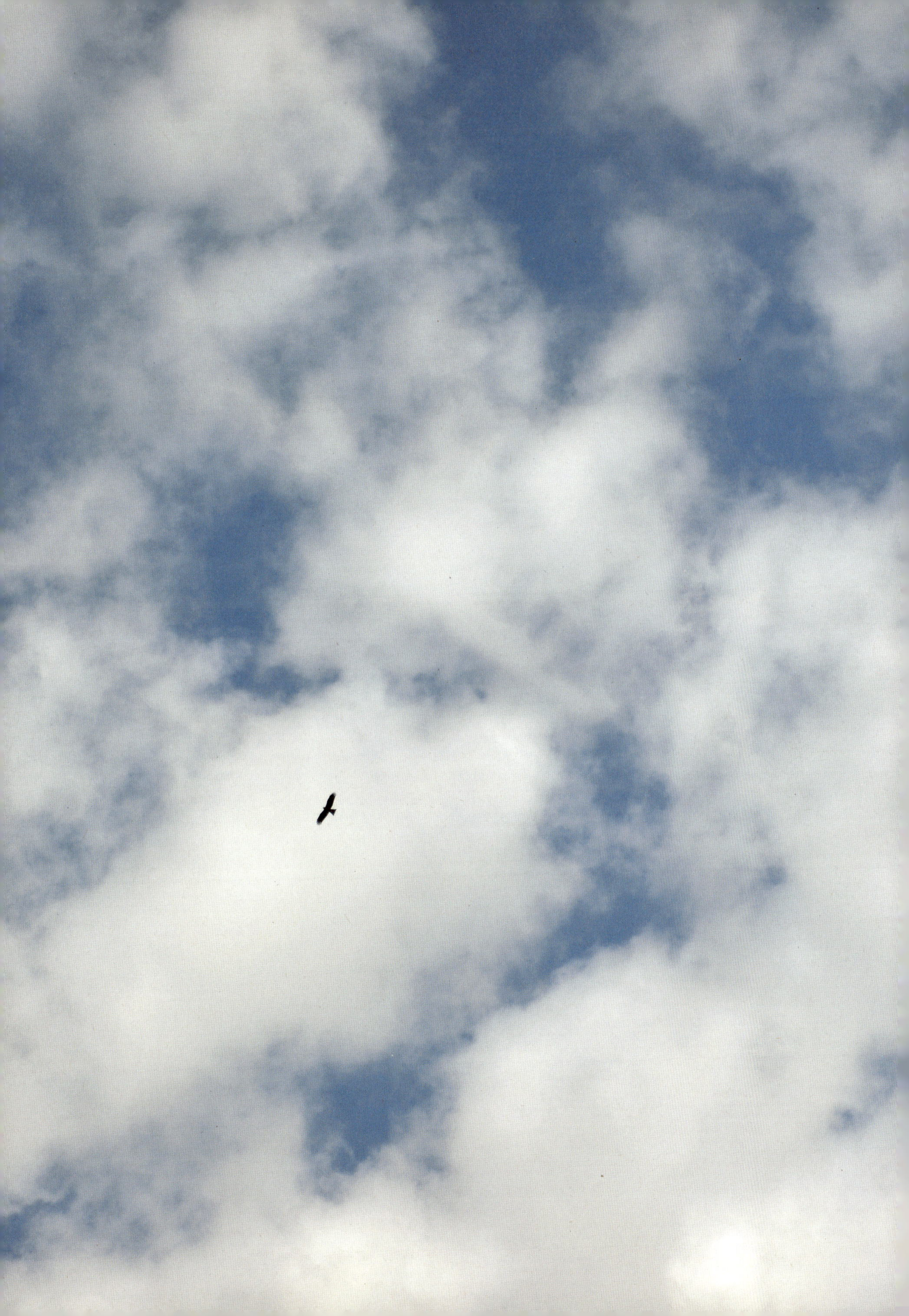

五感と暮らし

「家の中に、"おいしいにおい"を漂わせておけば、子どもは自然といい子に育ちますよ」

若いお母さんたちから子育ての不安を相談されると、私はそうお返事をしています。すでに成人している長女や長男のことも、そう信じながら育ててきました。

かつお節でとるおだしのにおい、煮物を炊いてる甘じょっぱいにおい、クッキーを焼いているバターのにおい――。

ふわりと漂うおいしいにおいは、人を幸せな気持ちにしてくれます。今、一緒に暮らしている孫からは、「このにおいで、今日のごはん、なんだかわかるっ」なんて、かわいい台詞が飛び出すことも。そんな時には私のほうが、幸せをもらっている気がします。

食べものだけでなく、晴れた日に干したお布団からは「お日様のにおい」がしますでしょう？　うちの長女が子どもだった頃は、このにおいが大好きで、ふかふかのお布団に顔をうずめては「気持ちいい〜」「幸せ〜」と、うっとりした表情でお昼寝についていました。私は今でもその顔が忘れられません。

五感に響いたことは、心の根元にすーっと染みていくものです。いいにおい、おいしい味、気持ちいい肌触り。暮らしの中の幸せをキャッチできたなら、子どもは自然といい子に育ちます。

まずは食べること

食事の機会は一日3回、一か月で90回、一年間でおよそ1000回。そんなにあるんだと気づいた時、食べものが身体を作っていることをつくづく実感し、ちゃんと食べたいと思うようになりました。

食事が1000回ということは、支度も1000回ですから、段取りよく進めなくてはとても続きません。イヤイヤ作ると、イヤイヤの味になってしまいます。不思議なことに、疲れたり、怒ったりして作った料理は、おいしく仕上がらないのです。

せっかく作るならば、おいしいほうがいい。ラクな気持ち、たのしい気持ちで作るには、どうしたらいいかしら――。自己流で工夫したり、お店の人にきいてみたり、失敗もしながらコツコツと回数を重ねているうちに、うまくいくことが増え、だんだんうれしくなって、いつの間にかお料理が好きになっていました。

親子4人暮らしの時代から、子どもが独立して夫婦ふたり暮らしになり、今はまた、子どもや孫とひとつ屋根の下の大所帯に。年代とともに生活が変化しても、「まずは食べること」という気持ちはずっと変わりません。

家族と一緒にとる食事が、私の暮らしの中心にあります。

最初にがんばる

一日のうちで、いちばん好きなのは朝の時間です。

5時に起きて、だいたい9時ぐらいまでが勝負。

朝は元気がありますから、この時間帯に少しがんばって、やるべきことをすませてしまえば、あとはすっきりした気持ちですごせます。

もともと効率よく仕事を進めたいタイプでしたが、友人でもあった故原田知津子さんのハウスキーピングレッスンに通いまして、先取り仕事の快適さを覚えました。

夜の献立は朝のうちに決めて一品は仕込んでおく。

汚れる場所だけサッと掃除する。

書類を書くなどの面倒な仕事も、終わらせる。

朝を順調にすませられれば、その後の一日がずっとスムーズ。心のなかに、後まわしの気がかりがないと、のびのびした気持ちでいられますから、家族やそのほかの人たちへの接し方も変わってきます。

最初にがんばる毎日は、後が幸せな毎日です。

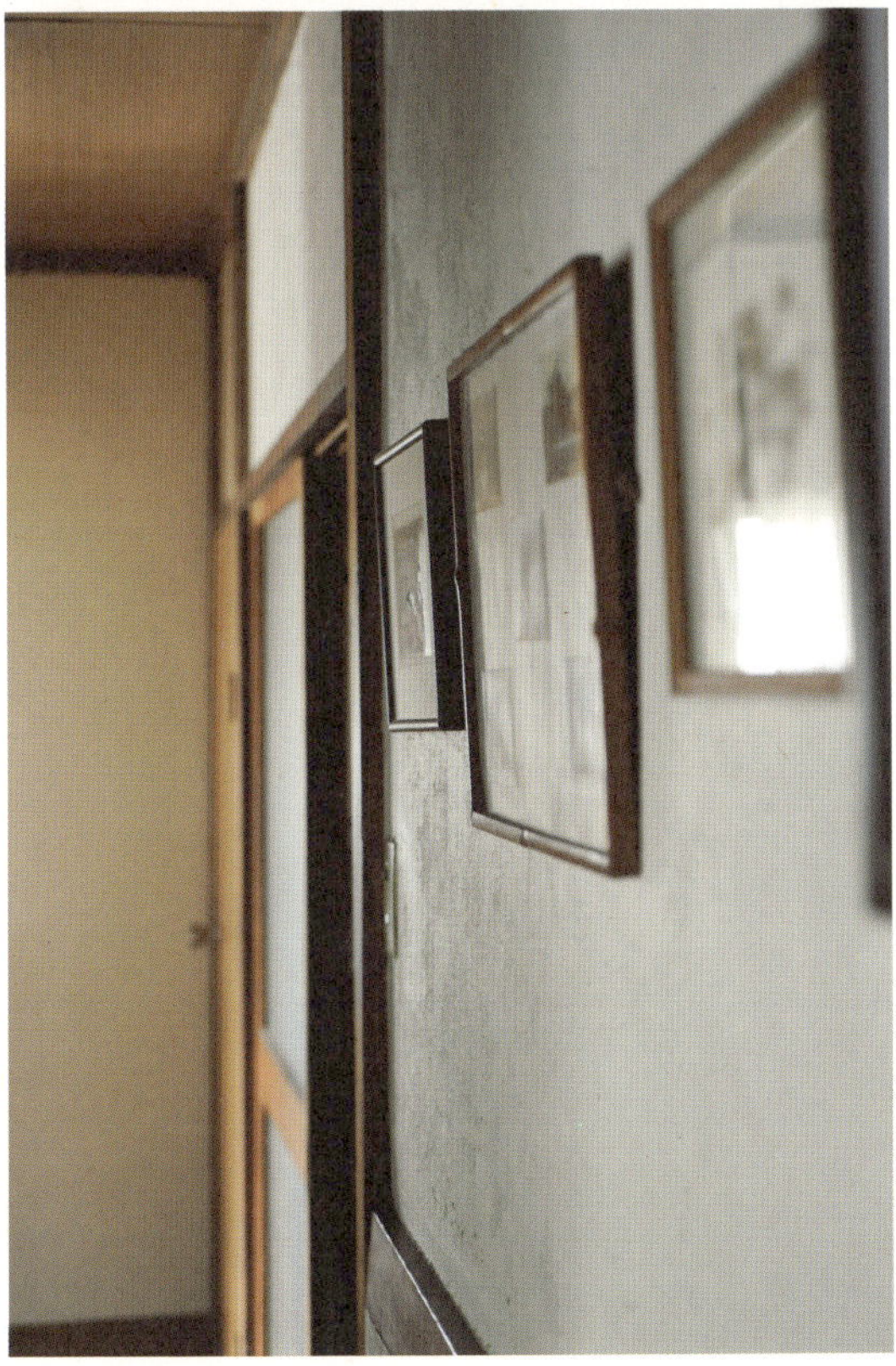

愉しく取り組む家しごと——自己紹介に代えて

25歳で結婚した当初は、料理の経験がほとんどなくて、魚をさばくどころか、いかやえびのわたをとるのでさえ、ためらうような腕前でした。最初は共働きをしていたので、仕事帰りにスーパーに寄っては、お魚屋さんに「いかのわたを出してくださるなら買います」なんてお願いしていたぐらいです。

やがて仕事を辞め、長女を授かると、隣町へ引っ越して環境が変わりました。近所にスーパーがない土地では、週に一回、車で売りにくるお魚屋さんや、御用聞きの八百屋さんから買い物をするしか手段がありません。やむを得ず、魚も自分でさばくようになり、毎日買い物ができない分、手に入れた野菜を長持ちさせるために、すぐに下ごしらえする習慣が身につきました。

私には主婦業が、合っていたのでしょう。28歳で長女を、30歳で長男を出産し、小さな子どもたちとの生活は、すごくのどかでサイクルがゆったりしていて、なんて贅沢！と思っていました。私たちが住んでいるのは、御用邸がある神奈川県の葉山町です。その小さな海沿いの町から出ることもなく、乳母車で動ける範囲ですごす毎日。母親教室で仲良くなったママたちと一緒に公園へ行ったり、午後は子どもたちと並んでお昼寝をしたり。自分で時間をやりくりして、するべきことを終わらせれば、あとは何をしてもいいのです。好きにすごせる時間を増やしたくて、家事の要領はどんどんよくなりました。

子どもたちが中学や高校に入って、自分の時間がだいぶ増えた頃、いつも遊んでいたお友だちから「お料理を教えて」と言われまして、お試しで出稽古をはじめました。今から20年ぐらい前のことです。わが家は古い家でしたから、自宅では教えられないと思っていたのですが、しばらくして私が懐石料理を習いに行く機会があり、先生のお宅におじゃましましたら、うちと同じような古い建物でした。「こういうキッチンや和室でもできるのね」と納得して、わが家でもお教室を開くように。

やはり、自宅にきていただければ、お料理だけでなく、キッチンの収納をお見せしながら、ハウスキーピングのお話しもできます。実際に生活している、使っているキッチンですから、みなさん参考になるとおもしろがってくださいました。

ある時、赤ちゃん連れの若いお母さんと、道で立ち話をする機会がありました。お別れ際に、その方は「これから離乳食を買って帰ります」とおっしゃったのです。買うという発想にびっくりした私は「作ってさしあげて、簡単よ」と作り方をお教えしました。それをきっかけに、若いお母さん方もわが家に習いにきてくださって、みなさん赤ちゃん連れでしたから賑やかな愉しい時間をすごしたものです。

私たちの時代は、便利なレトルト品も電子レンジもお総菜のお店もなくて、なんでも手作りするしかなかったけれど、今の時代は物や情報があふれている分、自分に合う方法がわかりにくかったり、敷居が高くなったりしているのかもしれません。たとえば、おだしをとるにしても、料理の本に載っている一番だしは料亭でプロがする方法。毎日のお味噌汁にはちょっとぜいたくだし、手順も面倒。おうちのだしは、もっと大雑把でいいのです。

私が教室でお教えするのは、主婦が作る家庭料理です。材料はおうちにあるもの、いつも手に入るもの。味つけは、最初はレシピ通りだったとしても、家族の好みに合わせて少しずつ変えながら、家庭の味、母の味を作っていきましょうと、お伝えしています。物が豊富な時代だからこそ、うちだけの味の尊さを思わずにいられません。そして、主婦がお料理をするのは毎日のことですから、少しでもラクに、愉しくなるように、アイデアをお伝えしています。名前も「楽しい料理教室」とつけていたほどです。

おかげさまで15年近くも続けられました教室は、数年前、長女たち家族との同居をきっかけに、しばらくのお休みに入りました。小さな孫たちと暮らしのリズムを合わせながら、再び贅沢な時間を味わっています。ちょうどその頃から、主人が近くに畑を借りて野菜作りもはじめました。採りたての新鮮な野菜はそれだけでおいしくて、季節の恵みのありがたさをあらためて感じている毎日です。

人生の第二ステージが充実するなかで、ある若い方々とのご縁から、東京・渋谷区「かぞくのアトリエ」で、〈受け継ぐ暮らしの教室〉というテーマのお話し会を開くようになりました。参加してくださるのは、小さな赤ちゃんを連れた若いお母さん方です。みなさんの暮らしが、より安心で健やかなものになるお手伝いができたらと、長年の主婦経験で実践してきたことをお伝えしています。そのご縁がまた、この本の出版にもつながりました。私が作るお料理や家事の工夫は、どれも簡単なことばかりですが、日本人が馴染んできた味を繰り返しながら、その土地で採れた旬のものを食べる――自然に寄り添う暮らしを大切にしています。まずはひとつずつ、気になることから試していただけたら、とてもうれしく思います。

春の暮らし

1

Spring

春の畑

庭の地面からふきのとうが顔を出すと、春はすぐそこ。主人が借りている畑にも、春の野菜が実りはじめます。

ひと雨ごとに緑が濃くなるこの季節。菜の花、春菊、ルッコラ、自生するクレソンや若葉の木の芽。葉ものがぐんぐん育つ様子を眺めていると、気持ちも元気になっていくようです。食べ頃を逃してしまわないうちに、せっせと摘みとります。

根菜類は茎の成長ぶりから収穫の頃合いを見計らいます。土を掘り起こすと、みずみずしい玉ねぎ、ころころのじゃがいもが姿を見せました。えんどう豆は小さく可憐な花をつけ、やがてぷっくりした実をぶらさげます。どこかで鳴いているうぐいすの声を聴きながら、畑の時間はすぎていきます。

今日はさやえんどう（写真中）や、玉ねぎ（右）が穫れました。じゃがいもは小ぶりでしたので、もうひと息。

海からの恵み

海育ちの主人にとって、海は子どもの頃から慣れ親しんだ遊び場です。今でも仲間を誘っては、毎月のように釣りに出かけています。鯵、めばる、きす、いなだ、鯖、かわはぎ、あまだい、いとよりだい――。初夏から晩秋にかけては主人の釣果によって、わが家の食卓に相模湾の海の幸が並びます。新鮮ですからまずはお刺身に、そして塩焼き、揚げもの、煮付けと、主人の釣りのおかげで私も魚さばきがすっかり板に付きました。

寒さが厳しい真冬の間は少しお休みをして、3月ぐらいからまた、大潮の日に野島公園で潮干狩りをしたり、散歩の途中で見つけたわかめや天草を拾ってきたりと、春の海からのささやかな恵みをたのしんでいます。

① 春が旬のわかめは、若いほどやわらかくておいしいのです。海からあがったばかりは茶褐色ですが、お湯につけると見慣れた深緑色に変わります。すぐに食べない場合は冷凍するか、天日干しにして乾燥わかめとして保存します。根元近くのひだ状になった部分が、めかぶです(右上写真)。包丁で細かく刻むとねばりが出て、磯の風味がお酒のつまみによく合います。

② 生のひじきは赤茶色をしていて、ゆでると深緑色になります。ふだん食べているひじきの色は黒ですが、あれは鉄の大釜で長時間炊くことにより黒くなるのだそうで、家庭でゆでた場合はああ黒くはならないと、以前、漁師の方に教えていただきました。干している時に風で飛んでしまうのが大変なところです。

③ 海からあがった天草は赤紫色(18ページ右上写真)です。そのままでは使えませんので日中はお日様に当て、夜は水につけるという作業を、一週間ほど繰り返しながら、ひたすら色を抜いていきます。赤紫色から、色が透けて肌色になったら乾燥天草(さらし天草)のできあがり。これを煮出すと寒天になります。

③

②

①

● ひじきのサラダ、わかめの炒め物 → P25

春の食卓

献立を考える時に、ビタミンなどの栄養素はそれほど意識しませんが、季節のもの、その土地で採れるものを食べていれば、自然と自分の身体に合うし、結果として栄養にもいいのではないかと思っています。

春といえば、たけのこ、ふきのとう、野ぶき、のびる、よもぎなどが身近です。庭や畑、近所のあぜ道に自生しているものを摘みとり、ふきは甘辛く煮て、のびるは生のまま味噌をつけて、よもぎはお団子に練り込んで、食卓に並べます。どれも苦味や香りがあって、子どもが喜ぶ味ではないですが、わが家には「出されたものは、ひと口は食べる」という暗黙のルールがありますので、小学生の孫たちもわずかながら口にしています。同居する以前までは独特の香りを苦手にしていた長女も、食べているうちに「おいしいね」と、良さがわかるようになりました。春の山菜、野草を愉しむことは、昔からの言い伝えですから、当たり前に身についていましたけれども、春の植物が持つ苦味やアクの中には、冬の間に身体に蓄積したものをお掃除する作用があるそうです。寒い冬から活動の春へ、植物の力を借りて身体を切り替えていたのですね。

たけのこは、毎年4月になると、主人が茨城まで掘りに出かけるのが恒例です。新鮮なうちに下ゆでをすませるのがいちばんおいしいので、たいへんでもちょっとがんばって一気にゆでて、食べきれない分は煮物にしてから冷凍しておきます。6月に入ると、今度は根曲がり竹の子という種類の細長いたけのこを、長野まで掘りに出かけます。アクは少なめですが、やはり一気に下ゆでをして、瓶に密閉して保存し、いつでも食べられる状態にしています。

今日の食卓は春らしく、根曲がり竹の子とわかめを炊き合わせました。煮物にボリュームがある場合は、メインは軽めで、簡単に作れるものにしたいから、鶏肉の塩焼きを合わせます。水切りいらずで作れる厚揚げの白和えと、盛り付けるだけのグリーンサラダ、常備菜のお豆を箸休めに。朝のうちに煮物を仕上げておけば、支度開始からいただきますまで1時間の献立です。

●厚揚げの白和え → P124

たけのこのゆで方

たけのこは、収穫から時間が経つほど苦味が出るので、手に入ったらすぐに下ゆでを。皮ごとゆでると鍋に入らないため、皮をむいてからゆでていますが、充分おいしく仕上がります。

材料(作りやすい分量)
たけのこ…1本
米ぬか…ひとつかみ
赤唐辛子…1〜2本

＊米ぬかがない場合は、白米のとぎ汁でゆでるか、水に生米ひとつかみほどを入れてゆでる。

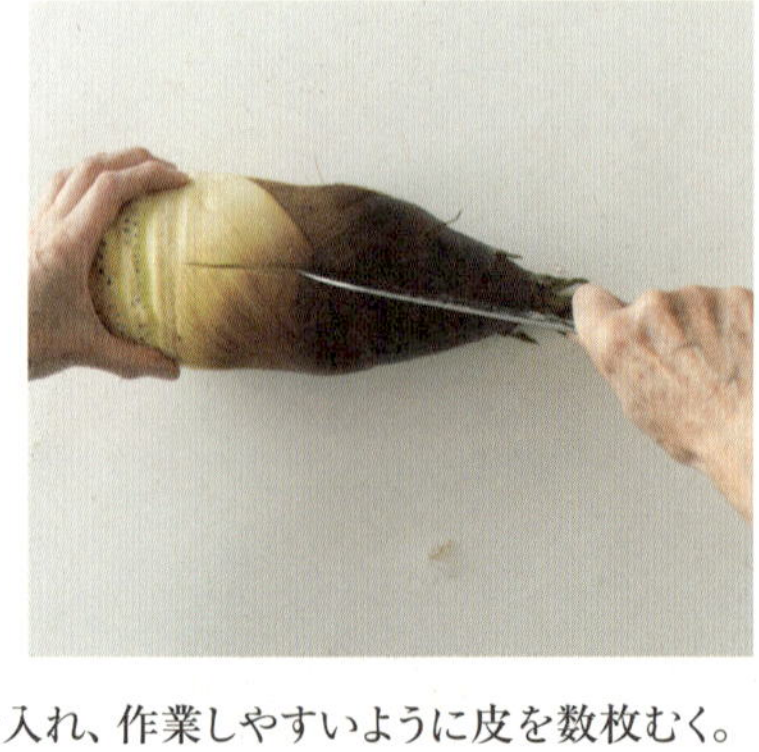

① たけのこは、たて1cmほどの切り込みを入れ、作業しやすいように皮を数枚むく。

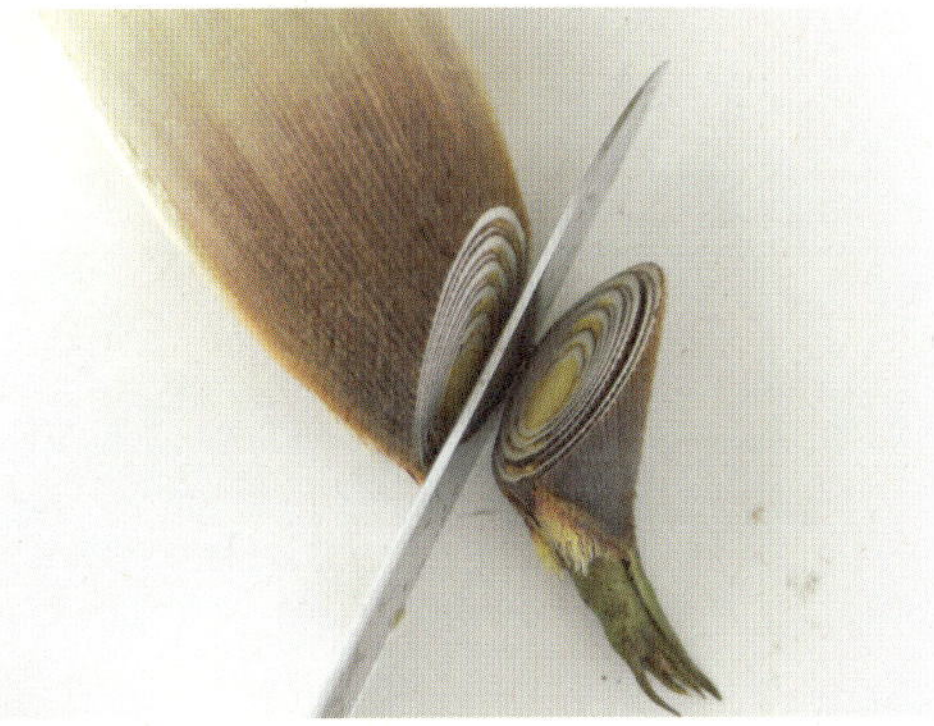

② 穂先を斜めに切り落とす。

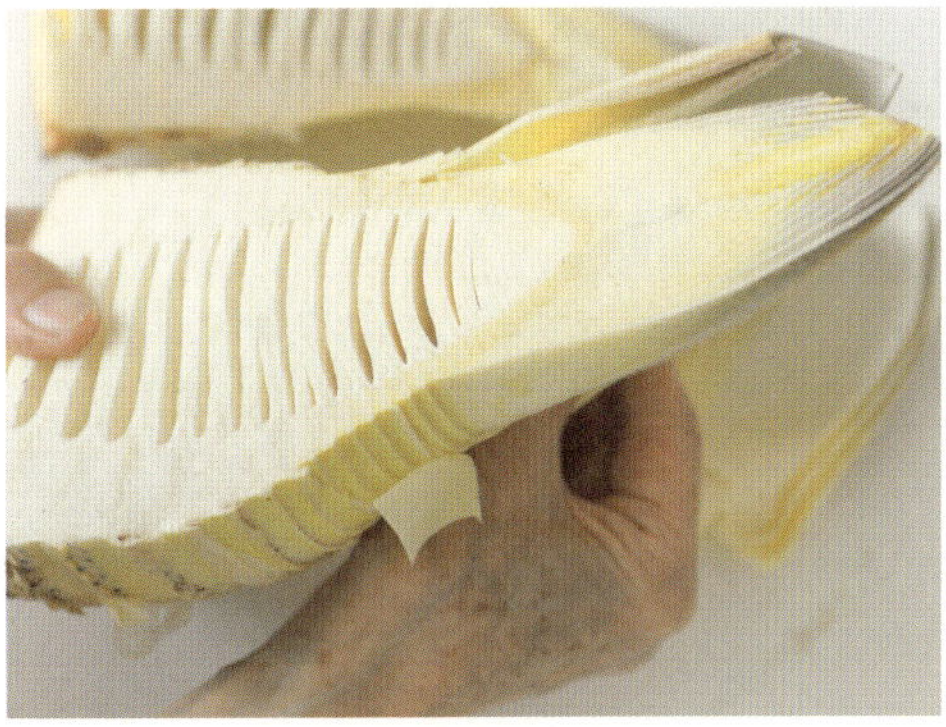

③ 縦半分に切り、さらに数枚、皮をむく。

④ 根元のいぼ状の部分をこそげ落とす。

⑤ 根元0.5〜1cmほどを切り落とす。

⑥ 鍋にたけのこ、米ぬか、赤唐辛子を入れ、かぶるぐらいの水をそそぐ。

⑦ 落し蓋と蓋をして、1時間ほどゆでる（根元に竹串をさし、すっとささるまで）。そのままひと晩置き、えぐみを抜く。

＊きれいに洗ってぬかを落とし、水をはった容器に入れて冷蔵庫へ。毎日水を替えながら、約2週間保存可能。

たけのこのステーキ

にんにくとしょうゆバターの風味がきいて、たけのこが、メインのおかずに。

材料（3〜4人分）
ゆでたけのこ…1本（約300〜400g）
バター…30g
しょうゆ、酒…各大さじ2弱
にんにく…1かけ
こしょう、オリーブオイル…各適量
＊写真の盛り付けは約2人分。

① たけのこは、根元を1cm厚さの輪切り（または半月切り）に、穂先を縦1cm厚さに切る。ともに片面だけ、格子状に浅く切り込みを入れる。にんにくはみじん切りにする。
② フライパンにオリーブオイルを熱し、たけのこを加えて焼き目がつくまで両面を中火で焼き、いったん取り出す。
③ 同じフライパンにバターを入れて中火にかけ、にんにくを加えて香りが出たら火を止める。酒、しょうゆを加えてまぜ、②のたけのこを戻してからめ、こしょうをふる。

Point たけのこは、穂先のほうがやわらかくておいしいけれど、このお料理には根元が合います。たけのこをゆでたら、穂先は煮物に、根元はステーキにと、使い分けするのもおすすめです。

たけのこの土佐煮

かつお節の風味をきかせた王道の味！甘さはお好みで調整して。

材料（3〜4人分）
ゆでたけのこ…1本（約300〜400g）
かつおの削り節…12gくらい
砂糖、酒…各大さじ2
しょうゆ…大さじ3　みりん…大さじ1
だし…適量

① たけのこはひと口大に食べやすく切る。
② 鍋にたけのこ、かぶるくらいのだし、砂糖を入れて2〜3分ほど煮る（たけのこに甘味を付けるため）。
③ 酒、みりん、しょうゆを加え、落し蓋をして、汁けがなくなるまで煮る。
④ かつお節を加えてまぜ、なじませる。

ひじきのサラダ

ひじきやベーコンのうま味を吸い込んだ
くったりレタスがおいしい。洋風の味つけです。

材料（3〜4人分）
ひじき…30g
ベーコン…4枚
レタス…200g
（小1個、または大½個ぐらい）
サラダ油…大さじ1

A 洋風スープの素（固形）…1個
塩、こしょう…各少々
＊水1カップに溶いておく。

B しょうゆ…大さじ1
みりん…小さじ1

① ひじきは水で戻し、長いものは食べやすい長さに切る。ベーコンは2cm幅に、レタスは6〜7cm角に切る。
② 鍋にサラダ油、ベーコンを入れて中火で炒める。油が出たらひじきを加えて、さらに炒める。全体に油がまわったら、Aを加えて3〜4分ほど煮る。
③ Bを加えてさらに3〜4分ほど煮る。煮汁が半分ぐらいになったらレタスを加え、大きくまぜながらひと煮立ちさせ、塩、こしょう（分量外）で味を調える。

わかめの炒め物

水分がとんで、わかめの食感が引き立つメニュー。
パッと作れるから、おつまみや副菜におすすめです。

材料（3〜4人分）
わかめ…100g
長ねぎ…½本
しょうゆ…大さじ½
好みの油（ごま油、オリーブオイル、サラダ油など）…大さじ½
白ごま…少々

① わかめは食べやすい大きさに切る。ねぎは斜め薄切りにする。フライパンに油を熱し、わかめを入れて中火でさっと炒め、ねぎを加えて軽く炒める。
② 火をとめて、しょうゆで味をつけ、ごまをふる。

Point 油は、その日の献立の他のお料理とのバランスを考えて、選んでください。

らっきょうの甘酢漬け

国産のらっきょうを使い、好みの甘さに仕上げます。
たくさんは食べませんが、あるとうれしい。

材料（作りやすい分量）
らっきょう（泥付き）…1kg
（正味800～850g）
A 下漬け用塩水
塩…50g
水…1L

B 甘酢液
米酢…2カップ
水…1カップ
砂糖…100～150g
塩…10g
赤唐辛子…2本

Point 塩水で下漬けするのは、らっきょうをパリパリにするためです。カレーのおともにするほか、みじん切りして南蛮漬けやサラダのドレッシングに使うことも。

① らっきょうは流水で洗い、ひと粒ずつに分け、ざるにあげて水けをきる。ひげ根、芽先を切り落とす。

② 薄皮をむく。

③ ボウルにAの塩水と、らっきょうを入れる。皿や落し蓋でおさえ、ひと晩置いたら、ざるにあげて水けをきる。

④ 鍋にBの甘酢液を入れ、ひと煮立ちさせて冷ます。煮沸消毒した保存瓶に、③のらっきょうを詰め、甘酢液をそそぐ。常温に置いて2～3日後から食べられる。

＊冷蔵庫で約1年間保存可能。

ふき味噌

さっと炒めて甘味噌をからめ、ふきのとうのほろ苦さを愉しみます。

材料（作りやすい分量）
ふきのとう…10～15個
味噌…ふきのとうの重さの約半分
みりん…大さじ2
サラダ油…大さじ1
好みで砂糖…適量

① 味噌とみりんを合わせておく。鍋に油を入れる。
② ふきのとうは洗って汚れた葉だけをむく。粗く刻み（右写真参照）、すぐ鍋に入れて中火で炒める。
③ ふきのとうに油が回ったら、①の味噌とみりんを加え、中火のまま焦げないように注意しながら練る。味を見て、好みで砂糖を加える。全体がもったりしたらできあがり。

＊ふきのとうは切ってすぐ調理しないとアクで黒くなります。
＊冷蔵庫で2週間保存可能。

Point ふきのとうは大きさにばらつきもありますし、味噌の甘さによっても味つけの加減が変わりますので、最後にお好みで調えてください。

きゃらぶき

野ぶきの香りをいかした、しょうゆ味のシンプルな味つけです。

材料（作りやすい分量）
野ぶき…600g
（細めのもの）
減塩しょうゆ…250ml
酒…50ml
赤唐辛子…1～2本

① ふきは皮付きのまま洗い、3～4cm長さに切る。熱湯で10～15分ほどゆでたら、ざるにあげてよく洗う。
② 鍋にふき、しょうゆ、酒を入れ、落し蓋をして強火にかける。沸騰したら弱火にし、汁けがほぼなくなるまで煮詰める。

＊冷蔵庫で約3カ月間保存可能。

Point ふきをゆでた後、水につけるとふきの香りが無くなるので、洗い流すだけに。減塩しょうゆを使えば、色が黒くなっても味は辛くなりません。水を使っていないので日持ちもします。お好みで砂糖やみりんを加えても。

○子どもといっしょに作る季節のお楽しみ

春、海で天草が拾えたら、作りたくなるのがあんみつです。
わが家のあんみつは、メープルシロップをかけて食べる、やさしいお味。
小さな子もトッピングはたのしめますし、
小学生なら寒天を固めるところや、
カットするところもお任せしてみましょう。

あんみつ

材料（約4〜5人分）
粉寒天…4g　水…粉寒天の袋に書いてある分量
ゆであずき…小1缶（210g）
好みのフルーツ、アイスクリーム、メープルシロップ…適量

作り方
① 鍋に水、粉寒天を入れ、中火〜弱火にかけ、木べらでまぜながら煮溶かす。
② 水で濡らした容器に流し入れる。冷蔵庫で冷やす。
③ 寒天は1.5cm角程度に切る。器に盛り、フルーツやアイスをのせ、メープルシロップ少々をかける。

＊ここでは手軽に粉寒天で紹介していますが、手に入れば天草（さらし天草として売られています）で作っても。

＼おいしいね！／

＼みんな公平に／

＼そーっと…／

●天草から作る寒天 → P124

この日はあらかじめ固めていた寒天をカットするところからスタート。まるでお店屋さんになったつもりで、きれいな盛り付けができました。

column・時間

主婦の時間割

家事の時間

お勤めを辞めて専業主婦になった時、主婦の仕事は自分次第でやりくりがしやすい、と思いました。家族に合わせる時間（見送りしたり、ごはんを出したり、お世話をしたり）もたくさんありますけれども、お洗濯、お掃除、お片づけなどの家事には「この時間帯にしなくちゃダメ」という正解はないからです。家庭の状況や優先順位によって、いろんな方法をしていいのが家事のおもしろいところです。

たとえば、わが家ではお洗濯をするのはずっと前から夜ですし、買い物は週末にまとめ買いです。お掃除の頻度も、家族が気持ちよくすごせる範囲を守っていれば問題ないのですから、コンロは毎日拭かなくてもいいわとか、融通をきかせられます。家事って、とても自由ですし、工夫をするほど自分に返ってくるものだと思います。

私の場合、「やるべきことは先にすませて、後でラクをしたい」という気持ちが原動力になって、朝のうちに家事を終わらせるのが習慣になりました。家事は毎日のことですから、ともすれば終わりがない、キリがないと感じてしまいがちです。

だからこそ、「朝、この時間に、〇〇をする」と自分で決めておき、それが終わったら「ああ、すっきり」と自己満足をするのが、精神衛生上、とてもよかったのです。

家事に集中する時間を持つとともに、「その都度、片づける」を習慣にす

時間割

ふだんの一日

5時	起床 洗顔、身じたく 夜のうちに室内干しにしてあった洗濯物を、外に出してお日様にあてる（雨の日は乾燥機に）
5時20分	朝食の支度 洗濯物を取りこみ、たたんでしまう 娘夫婦の朝食 できる範囲で夕食の下ごしらえ
7時	孫たちと一緒に朝食
8時	見送り 片づけ、キッチンの床を拭く 掃き掃除、トイレの拭き掃除 ＊毎朝の家事は9時ごろまでに終わらせる
9時	やらなくてはならない用事（書類整理など）や常備菜作りはこの時間にこなす また、週に1～2回は、ふだんできない場所の掃除をする することが終わっている日は、本を読んだり、書き物をしてすごす 買い足しがあれば、買い物へ
11時30分	昼食の準備、昼食

ることも、「後でラク」につながります。たとえば、洗濯物は取り込んだらすぐたたむ、食器をさげたらすぐ洗う、などがそう。忙しいとつい後まわしにしたくなりますが、一度、それぞれの仕事に何分かかるのか、時間を計ってみるといいでしょう。実際には数分で終わることだったりするからです。夫婦ふたりのお皿なら2分で洗えますし、洗濯物をたたむのも5分程度。生活の中でやるべきことは次々ありますから、後で一気に片づける時間はそうとれませんし、ためるほどに負担は大きくなります。お教室にいらしたお若い方々にはいつも、「仕事にかかる時間を知っておくといいですよ」とお話ししています。

草花を生けるのも朝のうちに。

ふだんの一日

私の毎日を時間割にまとめてみました。朝5時に起きて、最初にするのは洗顔と着替えです。うちは主人がパジャマでうろうろしない人なので、私もたとえ短い時間でも、パジャマのままですごすことはなくなりました。起きたらすぐに身支度をすませ、夜のうちに干しておいた洗濯物を外に出すのが、流れ作業になっています。

そこからは「毎朝の決まった家事」をする時間です。ほとんど動きっぱなしですが、孫たちと一緒におしゃべりしながら朝ごはんを食べる時はほっと

13時30分	休憩時間　ソファでごろりとテレビを観るなど
15時	孫たち帰宅 宿題を見たり、おやつを出したりしながら夕食の下ごしらえ
17時	家族がそろったら夕食準備
18時30分	夕食
19時	片づけ、ふきんを洗う 入浴（洗濯機をまわしながら） ついでにお風呂掃除 洗濯物を干す
21時	自分の時間（友人との電話など）
22時	就寝（23時にずれこむことも）

＊洗濯や掃除については、106ページからの「暮らしの工夫」でも詳しく書いています。

出かける日

毎朝の家事が終わったら、夕食の準備をすませてから、10時頃に家を出る。家のことは気にせず満喫し、15～16時ぐらいまでには帰宅。

土曜日

午前中に買い出しに出かける。買い物は土曜にまとめ買いが基本。足りないものは平日に買い足している。とくに魚、お肉は食べたいその日に買って、冷凍はあまりしない。昼食後、冷蔵庫の整理と下ごしらえ、常備菜作りをする。だいたい14時ぐらいまで、2時間程度。

ひと息つくたのしい時間です。孫たちを見送り、一通りの日課が終わるのはだいたい9時くらいでしょうか。その後のすごし方は日によって違いますが、ここでも「面倒なことは朝のうちに終わらせる」を心得に、週の半分ぐらいは家事をしています。

自分の時間

昔を振り返ってみると、出産してから数年はほかの主婦の方々と同じく、自分ひとりの時間はほとんど持たずに、幼いわが子たちと密着してすごす、かけがえのない日々を送りました。上の子が幼稚園に入った頃から、下の子を連れてお料理の先生に習うように。ピザなどの当時にしてはモダンなメニューも教わりまして、そのレシピは今でも活用しています。ひとりにはなれなくても、その時々の自分の興味を追いかけてたのしんでいました。

子どもたちが学校に通いだしてからは時間ができて、ママ友だちと「今日は箱根に行こう」なんて、夕方までの数時間でいろんな場所へ出かけたものです。

朝型で段取りをしていると、こういうことがとてもスムーズ。ふだんから、朝食の支度のついでに夕食のおかずを一品だけ作っておきますけれど、外出する日には、帰ってから自分がラクなよう、下準備をしてから家を出ます。せっかく遊びにきているのですから、帰り道にもたのしさの余韻にひたりたいのです。お友だちが「夕飯どうする？」と相談している横で、私はのんびり景色を味わいながら、遊びモードのスイッチをいつまでも切らずにいました。

その後は、お友だちと2人でレース小物を製作して販売したり、モデルルームにお勧めしたり、仕事にも出るようになって、上の子が高校に進学した頃からお料理教室をはじめました。やがて子どもが家を離れ、主人が一時期、地方で暮らすようになると、私の毎日はほとんどが自分時間という状態に。50代の頃です。仕事以外でお料理をすることもなくなり、私の場合、食事の支度は家族のためにしかできないのだと実感しました。

今はまた、子どもたちと同居になって大所帯で暮らしています。家族に合わせる時間は再び増えましたけれど、さんざん自由を謳歌した後ですから、その幸せを大切に味わっています。

夏の暮らし

2

Summer

夏の畑

梅雨が明けると、とたんに陽射しが強くなり、畑は濃い緑に覆われます。きゅうり、おくら、なす、トマトなど、成長の早い夏野菜たちがつぎつぎと実をつけるまで、あともうひと息。水分を多く含んでいる朝のうちに収穫すると、みずみずしさが味わえるのだそう。

無農薬の畑では、雑草管理がいちばんの大仕事。几帳面な主人は、友人から「A型の畑」と評されるくらいに、コツコツと時間をかけて手入れをしています。ふと見ると、かぼちゃの実がいい具合に育っていました。地面に接していると虫にくわれたり、傷んだりするため、実の下にシートを敷いています。コロンとした姿が、まるでお昼寝をしているみたいに気持ち良さそうです。

（写真右上から時計回りに）ピーマン、ミニトマト、かぼちゃ、赤唐辛子が、かわいく実をつけて。夏の畑はうっそうとしています。

夏の食卓

冷たい料理はきちんと冷やして出す、というのは、夏に心がけていることのひとつです。たとえばお刺身やサラダは、食べる前に器ごと冷蔵庫に入れて冷たくしておきます。食欲がわきにくい季節ですから、食べる時の気分が大事。カラフルな野菜で彩りも良くして、まずは見た目でおいしそうに盛り付けします。

今日の献立のメインは、なすとピーマンの梅味噌炒めにしました。炒め物に梅味噌を使うのは、わが家の夏の定番。甜麺醤代わりになって、さっと味が決まります。副菜にはだるさを吹き飛ばす酢の物（鯵とみょうが）を合わせて、冬瓜とえびのスープに、ぬか漬けをそえました。スープは片栗粉でとろみをつけてのどごし良く仕上げています。夏の間でも、朝のうちに夕食のおかずを一品仕込んでおく習慣は変わりませんが、今日のような酢の物のほかに、たとえばきゅうりのたたき、ポテトサラダなど、冷蔵庫で冷やしておきたいメニューを作り置きすると一石二鳥です。それからなすを下ごしらえする時は、塩水につけるのではなく、塩少々を直接まぶしてアク抜きしています。5分ほど置くとなすから水が出てきますので、ペーパータオルで拭き取り、調理します。この方法だと油の吸い込みが少なくなるので、ぜひ試してみてください。

畑ではトマト、きゅうり、おくら、ズッキーニなどの夏野菜がつぎつぎ採れますから、毎食のように食卓に並べています。夏野菜はおいしいことももちろんですが、皮もむかずにざくざく切って出せるような、根菜に比べて扱いが簡単なところも好きなのです。暑さが厳しいこの季節、長い時間、キッチンに立たなくてもすむように、自然も味方をしてくれるのでしょうか。

手早く料理をしたいのは夏の課題です。孫たちの夏休みにはお昼ごはん作りもありますから、畑でたくさん収穫できた野菜を使って、ドライトマトやバジルペーストなどの簡単な保存食を備えておきます。冷蔵庫に作り置きがあるのとないのでは、料理のやる気が変わるもの。サンドイッチ、サラダ、パスタなどの味付けに使って、極力火を使わないメニューを考えます。

●なすとピーマンの梅味噌炒め → P124　●梅味噌 → P45　●ぬか漬け → P122
●ドライトマト → P38　●バジルペースト → P39

ドライトマトのオープンサンド

旬のトマトを天日干しにすると、うまみが凝縮。
サンドイッチほか、さまざまな料理に活躍します。

材料（1人分）
ドライトマト…約8～10個分
バゲット…3切れ
パルメザンチーズ（粉）…適量
イタリアンパセリやバジルの葉…好みで

●ドライトマト（作りやすい分量）
ミニトマト…40～50個
塩、オリーブオイル…適量

①ドライトマトを作る。ミニトマトは洗って水けをきり、半分に切る。塩を薄くふりかけて、ざるに並べる。屋外のよく日が当たる場所に、3～4日間干す（夜間は室内にしまう）。トマトの表面に水分がなくなり、ひと回り小さくなったらできあがり。

②煮沸消毒した保存瓶に入れ、オリーブオイルをトマトが完全にひたるぐらいにそそぐ（この状態で保存可能）。

③食べやすくカットしたバゲットに、オリーブオイルを塗り、パルメザンチーズをかけ、ドライトマトをのせる。あれば、イタリアンパセリやバジルの葉をのせる。

＊ドライトマトは、冷蔵庫で約1カ月間保存可能。

Point ①のドライトマトは完全にカラカラというより、少しやわらかさが残るぐらいの仕上がりです。作り置きすれば、サラダにトッピングしたり、パスタに使ったり、調理時間を短縮したい夏の保存食として活躍します。

バジルペーストのカルパッチョ

暑い夏はこんなさっぱりメニューがうれしいもの。
手作りのバジルペーストはフレッシュな味わいです。

材料（3〜4人分）
鯛の刺身…180g
バジルペースト…大さじ1〜2
オリーブオイル…大さじ½ぐらい
イタリアンパセリや
バジルの葉…好みで

●バジルペースト（作りやすい分量）
バジルの葉…約2カップ強（50〜60g）
にんにく…2かけ
オリーブオイル…50ml〜様子をみて
塩…小さじ2
好みで松の実、またはくるみか、
カシューナッツ…大さじ1

①バジルペーストを作る。バジルは葉を茎からはずす。

②すべての材料をハンディブレンダーで撹拌し、ペースト状にする（オイルは様子を見ながら少しずつ足すとよい）。

③煮沸消毒した保存瓶に入れ、上からオリーブオイル少々（分量外）をそそぎ、表面が空気にふれないようにする（この状態で保存可能）。

④鯛は薄めのそぎ切りにする。バジルペーストをオリーブオイル（分量外）でのばし、鯛にかける。あれば、イタリアンパセリやバジルの葉をそえる。

＊バジルペーストは、冷蔵庫で約半年間保存可能。長期保存したい場合は、保存袋に薄く平らに入れて凍らせれば、必要な分だけ割って使える。冷凍庫で約1年間保存可能。

Point このバジルペーストはチーズを入れないレシピ。そのほうが幅広い料理に使えて日持ちします。パスタなどに使う時は、適宜チーズを足して調製を。ドレッシングにまぜたり、マヨネーズとまぜてポテトサラダに使ったり、鶏肉や豚肉などに塗って焼いても。

私の梅仕事

現在の土地に引っ越してきた時、もともと庭に梅の木が生えていました。その恵みを活かそうとしたのが、私の梅仕事のはじまりです。

最初は梅酒の作り方しかわかりませんでしたので、毎年、梅酒を仕込んでいたのですが、わが家は誰も飲まないからたまる一方（その頃に漬けた年代物の梅酒が、今もあります）。

それではもったいないということで、ある年から梅干しを漬けるように。ちょうどその頃に流行り出していた甘い梅干しが、どうしても口に合わなかったことも、自分で作ってみたい気持ちにつながりました。梅干しは、できあがりに時間がかかるので一見たいへんそうに感じますけれど、やること自体はとても単純。大きな失敗がないので、最初から上手に作れてうれしくなったものです。塩だけの素朴な酸っぱさが、私の好みでした。思えば、昔の人はみな自宅で梅干しを漬けるのが当たり前でしたから、それが私が食べて育った梅干しの味に近かったのでしょう。

梅干しというのは単純な作り方と言いましたが、塩加減で味はまったく異なります。最初は塩分20％で作りはじめました。しょっちゅう食べますのでなるべく塩分を少なくしたいと、徐々に減らしていきました。15％ぎりぎりまで減らしても作れると知ってからは、その値がわが家のレシピになっています。

毎年、6月になると庭の梅の木の、実り具合が気になります。青梅が摘めたら梅味噌や梅シロップに。あとはなるべく黄みがかるまで待って、梅干しに使います。完熟すると木から落ちて傷んでしまうので、少し手前で摘みとって、ざるにあげて追熟したり、数時間水につけてアク抜きしたりで、対応しています。

毎年漬ける梅干しは、だいたい同じ味に仕上がるものです。ごはんのおともにしたり、調味料代わりに使ったり。同居している娘婿はアメリカの出身ですが、わが家でいちばんの梅干し好きで、毎日かかさず食べています。梅は南高梅がいいとされますけれど、庭の小さな梅の実も充分においしいと思います。

●梅干し → P42　●梅味噌 → P45
●夏の梅おにぎり → P124

梅干し

朝露、夜露にしっかりあてることが、
おいしく仕上がる秘訣。

材料（作りやすい分量）
梅（黄色く熟したもの）…1kg
塩（梅用）…170g（梅の17%）
赤しそ…50～100g
塩（赤しそ用）…10～20g（赤しその20%）
焼酎（消毒用）…適量

*消毒用のお酒は、アルコール35度以上のものを、スプレー容器に入れて使う。ホワイトリカーでもよい。

*赤しそは色づけのために使うので、なくてもよい。

道具
漬け容器（陶器、琺瑯など容量2～3Lが目安）
落し蓋
重石…1～1.5kg（梅の1～1.5倍）
梅を干すざる

*酸に弱いアルミやステンレス素材は使わない。

*梅を干すざるは100円ショップで買える洗濯干し用のネットなどでもよい（ただし色が付く）。

○準備・梅の下処理（約30分）

① 漬け容器、落し蓋、重石は、よく洗ってから焼酎を吹きかけ、消毒する。

② 梅はよく洗ってざるにあげる。そのまま完全に乾かすか、ひと粒ずつペーパータオルで水けを拭き取る。

③ 梅のへた（なり口）を、爪楊枝などで取り除く（梅に傷を付けないように注意）。

＊梅の下処理で水分が残るとカビの原因に。また、梅はへたで呼吸をしているので、必ずへたをつけたまま洗い、水けがなくなってからへたを取るようにしましょう。もし漬けている時にカビが出た場合は、梅の全量を焼酎で拭き取り、梅酢を煮沸してこしてから、消毒した容器に戻し、消毒した重石をのせます。

○漬ける（約10分）

① 梅の表面に焼酎を吹きかけて消毒する。

② 塩を3分の2程度入れてまぜたら、漬け容器に移し、表面を塩で覆う。

③ 落し蓋、重石の順にのせ、蓋をする。

④ そのままで涼しい場所に置く（2〜3日すると梅酢が上がってくる）。

Point 塩だけで作る梅干しは、常温で何年も保存しておけます。とくに3年以上すぎた梅干しは塩分がアミノ酸に変わるので、塩の代わりにお料理に使うとうま味が活かせます。

○赤しそを入れる（7〜10日後、約10分）

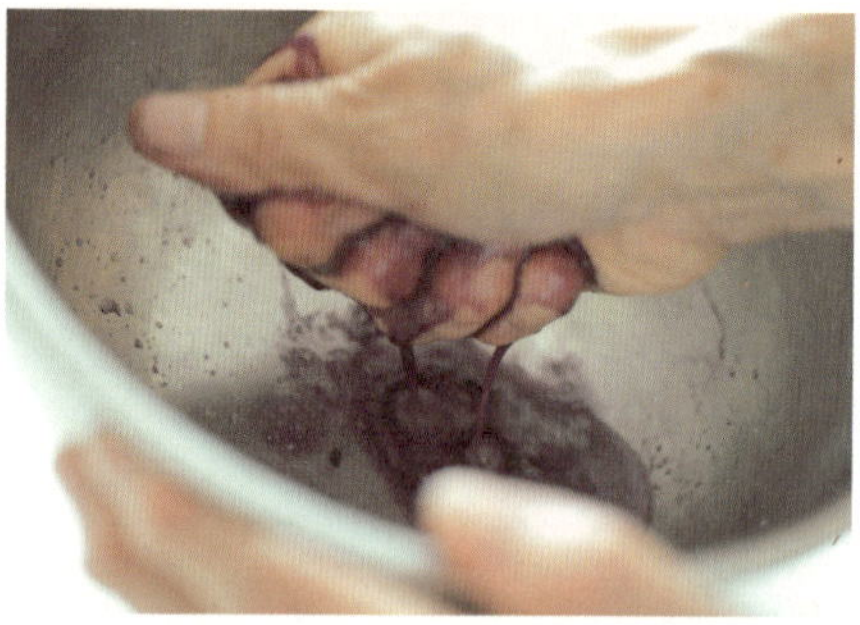

① 梅を漬けてから7〜10日間頃に梅酢に梅が浸っている状態になってから行う。

② 赤しそに塩の半量をまぶして、塩もみし、水分をしぼる。再度残りの塩をまぶして、繰り返す（アク抜き）。

③ 梅の上に、アク抜きした赤しそをかぶせるようにのせる。

④ 落し蓋をして、重石をし、蓋をして涼しい場所に置く。

＊梅酢はふつうのお酢代わりに、ピクルスや酢飯などの料理に使えます（煮沸消毒した瓶に入れ、冷蔵庫で保存）。

＊赤しそは干して乾燥させ、細かく砕いてゆかりを作りましょう。

○土用干し（梅雨明け後、3〜4日間）

① 梅雨が明けたら、晴れが3〜4日続く日を選んで、ざるの上に梅を広げる（梅酢と赤しそはとっておく→ページ右下）。毎朝梅の裏表を返す。昼はお日様の力で除菌し、朝露、夜露に三日三晩あてると、しっとりした梅干しになる。

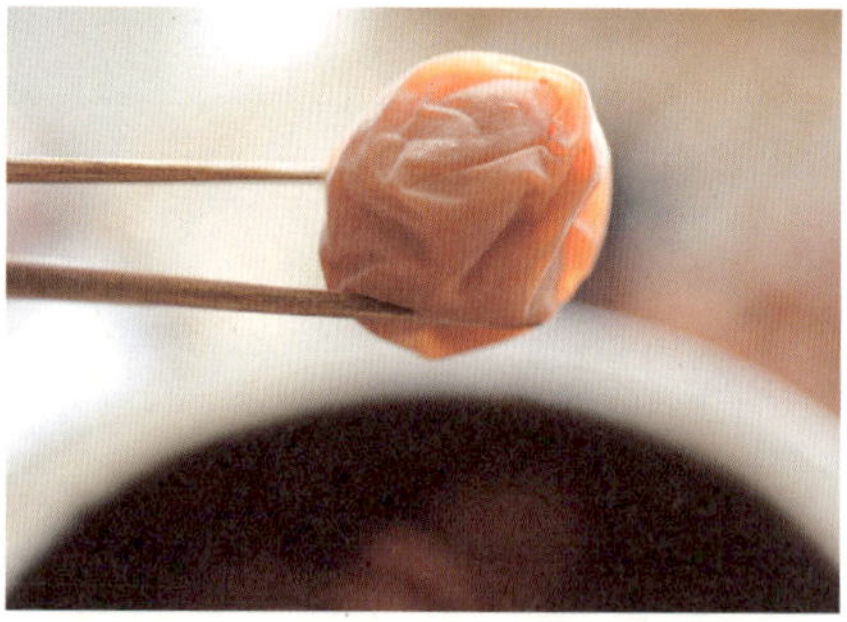

② 朝露でしっとりしている午前中のうちに、焼酎で消毒した保存容器に移し、常温保存する。

梅味噌

いろんな料理に合わせられる、
万能調味料です。

材料（作りやすい分量）
青梅、味噌、砂糖…各500g

① 青梅は洗ってペーパータオルで水けを拭き取り、へた（なり口）を爪楊枝などで取り除く（青梅に傷を付けないように注意）。
② 深い鍋に①の青梅、味噌、砂糖を入れ、中火にかけ、焦げないように木べらでかきまぜる。フツフツしたら弱火にして、1時間ほど煮る。木べらですくい、ポタポタ落ちるぐらいのとろみがついたらできあがり（種は煮ているうちに自然と外れる）。
③ 種を取り除き、煮沸消毒した保存瓶に入れる。
＊冷蔵庫で約1年間保存可能。

Point もろきゅうや野菜スティックにつける、焼きなすにかける、豚の冷しゃぶのドレッシングにする、魚に付けて焼く、なすとピーマンの炒め物に使う、田楽に使う――など、いろんな料理に合わせられます。

しそジュース

甘味と酸味が疲れを吹き飛ばしてくれます。
4〜5倍の水で、お好みの味に薄めて飲みましょう。

材料（作りやすい分量）
赤しそ…2束（茎ごと約600g）
砂糖…500g（好みで加減）
レモン汁…3〜4個分
＊レモン汁の代わりに、クエン酸25gでもOK。

① 赤しそは鍋に入る大きさにカットする（太い茎は取り除くが、葉とつながる細い茎は使ってよい）。よく洗い、ざるにあげて水けをきる。
② 鍋に水2Lを沸騰させる。中火にして、赤しそを少しずつ入れたら、20〜30分煮る。赤しその葉が緑色になったら、ざるでこす。
③ こした煮汁を鍋に戻し、砂糖を入れて、中火で5〜10分ほど煮る。砂糖がとけたら火を止め、レモン汁（またはクエン酸）を加えてまぜる。
④ ざるにペーパータオルをしき、再び③をこす。粗熱がとれたら、煮沸消毒した保存瓶に入れて冷まし、冷蔵庫で保存する。

＊冷蔵庫で約1カ月間保存可能。

○子どもといっしょに作る季節のお楽しみ

夏はやっぱり冷たいデザートが欲しくなります。生クリームを入れてまろやかに仕上げるヨーグルトババロアは何度もくり返し作ってきた、わが家の定番。子どもたちには作り方の③からお手伝いしてもらうと簡単です。

ヨーグルトババロア

材料（4～5人分）
- プレーンヨーグルト…200g
- 生クリーム…200ml
- 牛乳… 150ml
- 砂糖…40～50g
- レモン汁… 大さじ1
- 粉ゼラチン…5g

作り方

① 小皿に水大さじ2を入れ、ゼラチンをふり入れてふやかす。

② 鍋に牛乳、砂糖を入れ、中火にかけ、砂糖が溶けたら沸騰直前に火を止める。ふやかしたゼラチンを加え、まぜながら溶かし、そのまま冷ます。

③ 大きめのボウルに、ヨーグルト、生クリーム、レモン汁を入れてまぜる。②を加え、さらによくまぜる。

④ 型を水でぬらし、③を流し入れ、冷蔵庫で3～4時間ほど冷やし固める。

＊型は、700mlぐらいを使うのがちょうどいいです。
＊写真の完成品は、この分量の2倍で作っています。

＼準備OK!／

ババロアを型に流して固めるのは、子どもたちにとってたのしい作業です。このリング型はかれこれ35年以上、愛用しています。

できた〜！

よくまざったかな？

味見おねがい

column・装い

たどりついたおしゃれ

いつものふだん着

タンスの引き出しをあけると、並んでいるのは同じような服ばかり。若い頃からオーソドックスなデザインが好きで、家で洗える服を、着心地がいいものを——と選んでいたら、おのずと綿や麻の素材になりました。

よく着ているのは、なんてことないカットソーと、ロングスカートの組み合わせです。家事をする時に立ったり座ったりをしますから、パンツだと膝が出るのが気になって、とくに家ではスカートをはいています。どれも5年から20年以上、愛用しているもの。脚を隠したいので丈はだいたい一緒ですが、色、布地の風合い、形などが違うから飽きることはありません。

長い丈のスカートの上に、ダボダボの服を合わせるとだらしない雰囲気になりますから、カットソーはいつも細身のシルエットです。上がボーダーなら、スカートは無地のデニムに。上がグレーなら、スカートは白で明るくしてみましょう——という具合に、ワンパターンに見えても気に入っている組み合わせ方があります。簡単なスカートでしたら、好みの生地を買ってきて自分で縫うことも。

それから、紐で結ぶタイプだったのをボタン留めに変えたり、体型の変化に合わせてスナップの位置をずらしたり、自分でも手を加えながら、着心地やサイズはしっくりフィットさせます。密かに気をつけているのは、脇のお肉がはみ出さないように、ボディスーツなど、脇に段差が出ない下着でカバーしていること。服装がシンプルなだけに、全体のバランスやシルエッ

トを大切にしています。

小物合わせがおしゃれの醍醐味

何においてもそうですが、好きなものしか持ちたくない、人と同じはつまらない……。若い頃からずっとそんな気持ちでいました。バッグやアクセサリーがとくにそう。ブランドのバッグはちっとも欲しくなかったですし、何であのビニールみたいなのがいいのかしら、と不思議でした。

バッグもアクセサリーも靴も、お洋服に合わせて身につけるものだと思っています。専門店で買うことはほとんどなくて、器屋さんで出会ったり、洋服屋さんでセレクトされて並んでいたものを選んだりが多いでしょうか。

バッグは長年、山葡萄のかごを愛用しています。最初に出会ったのは、器を見に行った鎌倉の「もやい工藝」。その丁寧なつくりに惹かれて持ちはじめてみたら、私が着ているどんなお洋服にも合うところや、軽くて使いやすいところなどが、すっかり気に入りました。形、大きさ、編み方などが違うものをいくつか持っていて、どれも20年以上は使っています。

アクセサリーは、身につけるのはひとつだけ、と決めています。宝石は買ったことがなく、やはり、手仕事が丁寧なものに惹かれるよう。たとえば、30年前に買った木製のネックレスは、作家の方が1本の木からくりぬいたもの。どうしてこんな風に作れるのかしらと感動して、その気持ちは今も続いています。ワンピースにこのネックレスをつけるとすてきなアクセントに。木の輪っかのリングも、同じ作家のものです。20年ほど前に出会った「ジョージ ジェンセン」のシルバージュエリーは、物語を感じる美しい細工に魅せられて、少しずつ集まりました。一度好きになると、つい同じものを追いかけてしまいます。

よそいきのワードローブ

春

形がきれいなワンピースは「ホームスパン」。小川純一さん（P84〜に登場）がお店に連れて行ってくれたのをきっかけに、ファンになりました。シルバーのブローチは「ジョージ ジェンセン」です。

ひと目惚れしたアクセサリー

最近のことですが、鹿児島で、「INDUBITABLY（インドゥービタブリー）」の名でものづくりをしている方々に出会いました。アンティークの素材を材料にしたという、唯一無二のデザインにひと目惚れです。

夏

葉山のお店で見つけた「オールドマンズテーラー」のワンピース。布地に惹かれて、一時期は、こちらのものをよく買っていました。お気に入りの木製のアクセサリーを合わせています。

秋

ご自分で染めた布で服作りをしている方から買いました。よその人があまり着ていない個性的なデザインが好きです。靴は鎌倉のお店「テイクオフ」で見つけた「トリッペン」のもの。

冬

こちらも鎌倉の「テイクオフ」で買ったスーツ。私にしてはめずらしいフォーマルなデザインで、20年は着ています。大好きな小物を合わせると、自分らしくて落ち着きます。

いちばん好きなロングスカート

こちらも20年ぐらい前に「テイクオフ」で。あまりにすてきなデザインなので、色違いで愛用しています。最初はよそゆきだったのが、はきこむうちに、だんだんとふだん着に（笑）。

食卓の工夫

1. 野菜はすぐ使えるように保存する

ごはんの支度をする時になって、材料すべてをイチから料理するのは、意外にたいへん。野菜を洗う、切る、ゆでる……。ちょっとの下ごしらえを、先にすませておくだけで、あとで自分がうーんとラクになるんです。

たとえば、冷蔵庫でスタンバイしているストック野菜や酢漬けをお皿に盛りつけるだけで包丁を使わずにサラダが完成しちゃいますし、干し野菜を入れてお味噌汁を作れば食物繊維がたっぷりとれます。「お昼にサンドイッチを作りましょう」なんて時でも、はさむ具に困りません。「すぐ使える状態」だから短い時間で品数が増やせて、使い切るのも早くなります。

ここではとくに重宝している保存方法を紹介します。買い物から帰って冷蔵庫にしまうタイミングや、別の料理を作っている流れで、「ついでにする」のが後まわしにしないコツです。

鮮度よく保存して、どんどん使う
ストック野菜

◎葉もの

洗っておくだけで、あとの作業がスムーズ

買い物や畑から帰ってきたらすぐに洗って、冷蔵庫へ（包丁を使うと切り口が茶色くなるので、洗ってほぐすだけです）。その時、保存容器の中にペーパータオルを敷き、葉もの野菜を入れ、その上にペーパータオルをかぶせてから、蓋をするのがポイント。水滴が蓋から野菜に落ちることを防ぐためです。こうしておくと、ペーパータオルが水分を吸って、野菜がパリッと長持ちします。

◎薬味

ちょっとずつ使いたいから日持ちする保存に

にんにくは、ペーストにして保存するといろんな料理に使えます。オリーブオイルと一緒にフードプロセッサーにかけ、瓶に入れて冷蔵庫で1カ月はもちます。フードプロセッサーがない場合、みじん切りにしてオイルにひたしておくのでもOK。ねぎは輪切りにして水けをふきとり冷凍庫で凍らせておくか、洗ってカットし、じゃまにならないよう100円ショップで買った細長い容器に保存しています。

◎根菜

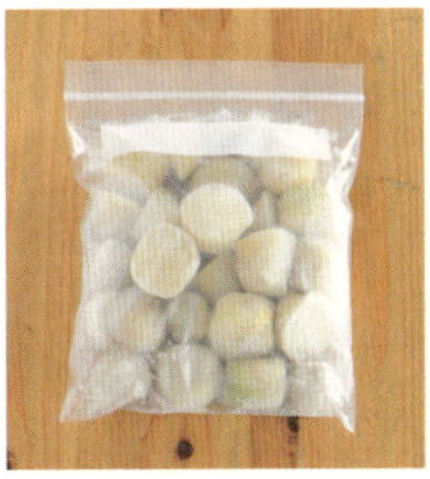

面倒な根菜は、先にゆでておくのが断然ラク

さといもは泥を落とし、皮付きのまま外側を押すと軽くつぶれるぐらいまでゆでると、皮がペリペリとむけて一度に下ごしらえができます（冷ましてから）。それをひと口サイズにカットして冷凍し、お味噌汁などに使います。ごぼうはささがきや斜め切りにしてからさっとゆで、バットに広げて冷凍したあと袋に移します。かぼちゃやにんじんはペーストにして冷凍し、スープやディップに使います。

＼ サラダ用に常備 ／

きゅうりは塩もみ、にんじんは酢とオイルで漬けて

たくさん手に入るきゅうりやにんじんは使う状態で保存。きゅうりは塩もみ、にんじんは酢とオイルで漬けておく（キャロットラペ）と、サラダやサンドイッチに便利です。

● キャロットラペ → P123

＊写真はレシピの分量の2倍です。

下ゆでなしで、サッと作る

酢漬け（ピクルス）

つけ合わせや、箸休めに
食卓に彩りも添えてくれます

野菜が新鮮なうちに作り置きして、サラダ感覚で食べます。とくに玉ねぎの酢漬けは、血液をサラサラにしてくれるそうなので、毎日欠かさないように冷蔵庫に常備。みじん切りも漬けておくと、ツナや卵のサンドイッチ、ポテトサラダ、タルタルソースなどに使えて便利です。ピクルス液は、ドレッシングに活用しています。

材料（作りやすい分量）

好みの野菜…ピクルス液につかる程度の分量

＊きゅうり、にんじん、セロリ、パプリカ、カリフラワー、かぶ、みょうが、新しょうがなどは、生のまま漬けられます。

●ピクルス液

酢…100ml　水…400ml
砂糖…大さじ2
ローリエ…1枚
粒コショウ…小さじ1
赤唐辛子…1～2本

＊酢、水、砂糖の割合は好みで変える。
＊カレー粉少々を加えて、味に変化をつけても。

作り方

① 野菜は好みの切り方で、大きさをだいたい揃えて切る。
② 厚手の鍋にピクルス液の材料をすべて入れ、沸騰させる。
③ 火を止めてから①の野菜を加え《写真上》、蓋をして、冷めるまで置く。保存瓶に移し、冷蔵庫で冷やす《写真A》。翌日から食べ頃に。

＊冷蔵庫で10日～2週間保存可能。

玉ねぎも酢漬けに

保存瓶に酢を5cmほど注ぎ、はちみつ、好みでスパイスを加えてまぜ、スライスした玉ねぎをギューギューに漬けます。玉ねぎはスライスしてから10分ほど置くと辛みが抜けます（栄養が流れるのでお水にはさらさないように）。

Ⓐ

保存がきいて、うま味もアップ

干し野菜

煮物や汁物にポンと入れるだけで深い味わいに

空気がカラリとする秋から冬が、干し野菜をするのに最適な季節です。お日様に当てるうちに味が濃くなって、栄養価も高くなるのだそう。お味噌汁の具にしたり、きんぴらを作ったり、干し野菜があればまな板と包丁の手間を省けますから、料理をするのがとてもラク。蒸したしょうがを干してお湯をそそぎ、しょうが湯にするのもおすすめです。

材料（各適量でOK）

きのこ…しめじ、えのき、まいたけ、生しいたけなど

根菜…にんじん、大根、れんこん、ごぼう、しょうがなど

＊好みや、家にあるものなどを利用する。

作り方

① きのこ類は石づきを取って細かくほぐす（しいたけは薄切りにする）。

② にんじん、大根は千切り（または薄めのいちょう切り）、れんこんは薄めのいちょう切り、ごぼうはささがき、しょうがは薄切りにする。

③ ざるに広げて、日の当たる場所に干す。夜は家の中に入れながら、2〜3日に渡りしっかり乾燥させる《写真A》。

＊材料は、干しやすいようになるべく薄く、また、料理に使いやすい形にカットすればよい。

＊湿気が残るようなら、様子を見ながら少しだけ電子レンジにかけて乾燥させても。

瓶に入れて常温保存

しっかり乾燥させれば数カ月〜半年は保存がききます。にんじん、ごぼう、れんこん、しいたけなどよく使う野菜を一度に干して、ひとつの瓶に入れ、ミックス野菜にしておくと、炊き込みごはんや煮物などに大活躍します。

Ⓐ

2. 身体にやさしい自家製を活用する

手軽に使える調味料や冷凍食品などは、忙しい時に助かりますので、私も時々、活用しています。一方で、市販品には添加物が含まれていたり、塩分や油分が多かったりしますから、無自覚にとりすぎないことも気をつけたいのです。パッケージには商品に使われている材料が「量の多い順に」表示してあります。買う時は確認して、材料がシンプルなものを選ぶようにしています。

また、自家製でも手のかからないアイデアが見つかったら、どんどん試してきました。たとえば、「ブールマニエ」があればルウがなくてもおいしいカレーが作れます。すべてを自家製にするのはたいへんですから無理はせず、この料理はイチから作ろうとか、休みの日は手作りしようとか、少しずつレパートリーを増やしていくと、料理が自分のものになったようでうれしい気持ちになります。

残りごはんをストックして

冷凍ごはんの焼きおにぎり

常備しておくと
おやつや昼食に助かります

ごはんを冷凍しておく方は多いと思いますが、小さなおにぎりの形にしてから凍らせておくと後々便利。レンジで温めても食べられますし、魚焼きグリルで焼きおにぎりにするのがおいしくて、お昼ごはんによく食べています（写真左）。最近は白米に玄米パウダーをまぜて炊いています。栄養価も高くなり、焼きおにぎりにすると香ばしくてお気に入りです。

材料
　ごはん、しょうゆ…各適量

作り方
① 小さめにおにぎりを作る。バットなどに、ぶつからないように並べ、冷凍庫で凍らせる《写真上》。
② 食べる時は、魚焼きグリルの弱火でじっくり、両面を15分ほど焼く《写真A》。
③ いったん取り出してしょうゆをつけ、両面をさらに1分ほど焼く（焦げないように注意）《写真B》。
＊オーブントースターで焼いても。

袋でしまう

冷凍する時は間隔をあけてバットに並べ、凍ってからファスナー付き保存袋に移しています。ひとつずつラップフィルムに包むよりも使いやすい方法です。

Ⓑ

Ⓐ

サワークリームのような味

水切りヨーグルト

マヨネーズをのばしてヘルシーに
デザート、ディップに使っても

ヨーグルトを水切りするだけなのに、酸味がやわらいでなめらかな口当たり。味はサワークリームに似ていますが、水切り時間が長いほどクリームチーズに近くなります。これでマヨネーズをのばすとカロリーも塩分もカットできますから、サラダやサンドイッチに安心して使えます。フルーツにかけてデザートに、ツナとまぜてディップにしても。

材料（作りやすい分量）
プレーンヨーグルト…450g（1パック）
塩…ひとつまみ

作り方
① ヨーグルトに塩を入れ、よくまぜる。
② 小さめのボウルにざるをのせ、厚みのあるペーパータオルかふきんを敷き、ヨーグルトを流し入れる《写真A》。
③ 軽めの重石をのせ、冷蔵庫に3時間〜半日ほど置いて水けをきる《写真上》。
＊冷蔵庫で約4〜5日保存可能。

Ⓐ

＼乳清も捨てないで／

ボウルにたまった乳清（ホエイ）はタンパク質、ミネラル、ビタミンなどの栄養がたっぷり。捨てないで、スープやジュースに入れています（ほんのり酸味がつきます）。

とろみづけが簡単に!

ブールマニエ

カレーやシチューのルウとしても使えます

ブールマニエは言わば洋風料理の「とろみの素」です。これがあれば油脂たっぷりのルウを買わなくてもシチューやカレーが作れますし、ホワイトソースも牛乳でのばすだけで手軽に作れるのです。わが家ではいつも切りよくバター1箱分で作り置きしています。お好みで小麦粉のかわりに米粉を使ってみてください。ややさっぱりした味わいです。

材料(作りやすい分量)

バター、小麦粉(または米粉)…同量

＊バター1箱200gなら、小麦粉も200g(約2カップ)。

作り方

① 保存袋の中にバターを入れて、常温に戻す。
② 小麦粉を加えて、袋の上からもむ。だまができないように、よく練り合わせる《写真A》。
③ 菜箸などで袋の上からしごきながら、厚さ1cmほどに整えて、冷凍庫で凍らせる《写真B》。
④ 使いやすい大きさ(大さじ1杯ぐらいの分量が目安)にカットし、容器に入れて冷凍庫で保存する《写真C》。

Ⓐ

Ⓒ

Ⓑ

スープに使う時

スープのとろみづけに加える時は、料理の煮汁の一部で溶かしてから少しずつ加えるときれいに、早く溶けます。

● ブールマニエで作るカレー → P124

3. わが家の味を持つ

ひとくち食べてホッとできる、そんな家庭の味があるのはとても幸せなことだと思います。うちの家族の場合は外食が続いたり、旅行から帰ってきたりすると、「やっぱりこれが一番」と、お味噌汁や煮物などをおいしそうに食べてくれます。だし、味噌、しょうゆ。基本の味で単純な料理を繰り返し、繰り返し、作るうちに、不思議とそれぞれのおうちらしさができあがっていくのでしょう。

どんなお料理も、最初はレシピを真似て作ったとしても、家族の好みに合わせながら変えていく過程がおもしろいと思います。家庭料理は何も毎回同じ味が出せなくてもいい、むしろそれが飽きない秘訣かもしれません。家にあるもので作るわけですから、今日はいつもと入っている具が違うとか、野菜が多くて甘くなっちゃったとか、そんなことを話題にしながら食べる時間もまた幸せです。

味覚を育てる

家庭だし

一番だし、二番だしなど、難しいことはなくて大丈夫

家庭料理向けの、簡易的なだしのとり方です。途中で昆布を取り出したり、かつお節を入れたり、細かい加減が必要ないので、ほかの料理を作るかたわらでついでに仕込んでしまいましょう。だしのうま味は、昆布のグルタミン酸とかつおのイノシン酸が合わさることによって、相乗効果で深まるのだそう。おいしいだしは何よりのごちそうです。

材料（約700ml分）

昆布…1枚（8〜10cm）

かつおの削り節…12〜15g

＊昆布、かつおの削り節は、だし用を使う。

作り方

① 鍋に水800ml、昆布、削り節を入れる（時間があれば、そのまましばらく置く）。

② 鍋を弱めの中火にかけ、沸騰直前に弱火にして5分ほど煮て、火を止める（沸騰させると昆布から苦味が出るので気をつける）《写真A》。

③ 削り節が沈んだら、ざるにペーパータオルを敷いてこす（軽く絞ってもよい）《写真B》。

＊使い切れない場合は、冷蔵庫で2〜3日間保存可能。

かつおの削り節

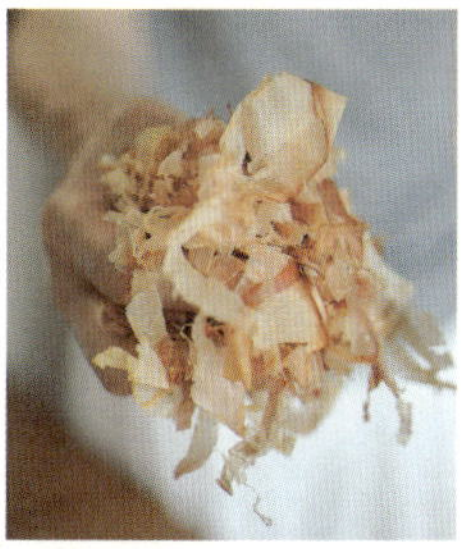

自分の手で、かつおの削り節をひとつかみした時のグラムがどれぐらいか、一度計ってみましょう。このぐらいで15gなのね、などと自分のひとつかみの感覚がつかめるようになれば、毎回、計らなくても大丈夫です。

Ⓐ

Ⓑ

いろんな料理の味つけに
めんつゆ

ひと晩置くことで、
しっかりうま味が出ます

めんつゆを作る方は少ないそうですが、この方法なら簡単。材料をひたして、火にかけ、こす、という3ステップで、おどろくほど風味豊かに仕上がります。みりん風調味料でなく、みりん（本みりん）を使うのがおすすめです。このレシピには砂糖は入っていませんので、煮物などをする場合は料理に合わせて、お好みで加えてください。

材料（約500㎖分）
しょうゆ、みりん…各1カップ
酒…½カップ
昆布 …1枚（8〜10cm）
かつおの削り節…20g
＊昆布、かつおの削り節は、だし用を使う。

作り方
① 鍋にすべての材料を入れ、ひと晩置く。
② 鍋を弱めの中火にかけ、沸騰直前に弱火にして5分ほど煮る（沸騰させると昆布から苦味が出るので気をつけて）。
③ 火をとめて冷まし、ざるにペーパータオルを敷いてこす。最後に水分をしっかり絞る。
＊冷蔵庫で約1カ月間保存可能。

冷蔵庫でストック

P65の家庭だしと一緒に、冷蔵庫で保管しています。和食はだしさえあれば簡単に作れるものが多いから、いつも絶やさないでおくと、煮物、おひたし、だし巻き卵など、家庭の味のレパートリーが増やせます。

だしがらで作る ふりかけ

捨てずにひと手間で おいしいごはんのおともに

だしがらのかつお節を、電子レンジでカラカラになるまで乾かしてからほぐし、ふりかけを作ります（保存期間は約2週間）。うちでは電子レンジ200Wを使っていますが、レンジによって加減が難しければ、フライパンでから煎りしても。しっとりめに仕上げてもおいしいですが、その場合は保存がきかないので、3～4日で早めに食べるようにします。

作り方（電子レンジで作る）

① かつお節は水けをよくきり、ほぐしながら耐熱皿に平たく並べる《写真A》。

② 電子レンジ200W(*)で加熱して乾かす。はじめに8～10分加熱し、ほぐしながら上下を返してさらに8～10分加熱する《写真B》。

＊電子レンジ600Wの場合は、はじめに2分ほど加熱し、上下を返した後でさらに2分加熱するのが目安。

③ 指でほぐした時に、パラパラと粉状になれば完成。加熱が足りないようならば、様子をみながら30秒～1分ぐらいずつ時間を追加する（加熱をしすぎると焦げるので注意）。

④ 好みでのり、ちりめんじゃこ、ごまなどをまぜる《写真C》。

材料（作りやすい分量）

だしがらのかつおの削り節…1回分

好みでのり、ちりめんじゃこ、ごま…適量

＊家庭だしのだしがらの場合のみ、作り方①でかつお節の水気を切った後に、しょうゆ大さじ1をまぶして味つけする（めんつゆのだしがらの場合は不要）。

作り方（フライパンや鍋で作る）

① かつお節は水けをよくきる。

② フライパンでから煎りしながら、汁けをとばす。焦げやすいので、中～弱火で様子を見ながら、好みの加減に仕上げる。

③ ほぐして細かくしたら、好みでのり、ちりめんじゃこ、ごまなどをまぜる。

Ⓒ

Ⓑ

Ⓐ

4. お祝いごはんは手づくりで

日常のお料理とはまた別に、繰り返し作っているハレの日のお料理にも、わが家の味があるのはいいものです。お赤飯はお祝いの象徴のようなメニューですから、食卓にこれが並ぶだけで、家族みんながお祝い気分に。サッと作れるようになりたくて、ちまきの作り方を参考に、当日からでも作れるレシピを考えました。味つけも家族の好みに合わせています。

子どもたちが小さかった頃から、誕生日にはケーキを焼くのが、わが家の定番でした。卵たっぷりのスポンジに、泡立てたばかりの生クリームをデコレーションするおうちのケーキには、素朴な味わいがあります。とくにスポンジ作りはところどころにコツをおさえなくてはいけませんので、落ち着いた気持ちで作ります。わが子の、そして孫の成長を喜びながら、年に数回、手を動かすのは特別なひとときです。

当日からでも作れる お赤飯

ほんのり塩味がついて子どもにも食べやすい

おめでたい日に食卓に並ぶ、わが家のお祝いごはんの定番です。前の日から準備をしなくても、1時間半〜2時間あれば、もちもちのお赤飯が蒸しあがります。ポイントは、作り方の③でもち米にゆで汁を吸わせること。最後に塩をふるのではなく、お赤飯自体にほんのり塩味をつけていますので、お赤飯が苦手な人にも好評です。

材料（4〜5人分）

- もち米…3カップ
- 小豆（乾燥）…⅓カップ
- 塩…小さじ1
- ごま…少々

作り方

① もち米は洗ってざるにあげ、10分以上置く。
② 洗った小豆、多めの水を鍋に入れて強火にかける。煮立ったら弱火にし、8分通り(*)にゆでたら、小豆とゆで汁に分ける。
③ 大きめのフライパンにゆで汁240ml（足りなければ水を加える）、塩を入れ、強火にかける。沸騰したらもち米を加え、強火のまま1分ほどしゃもじでかきまぜながら、もち米に水分を吸わせる。火を止め、小豆を加えてよくまぜる《写真A》。
④ 蒸し器にかたく絞ったふきんを敷き、③をのせて中火にかける《写真B》。
⑤ 蒸気が出てから25〜30分ほど蒸す。
⑥ 器に盛り、ごまをふる。

*8分通りは、食べてみて「ちょっとかたいかな」ぐらいが目安。ゆで時間は小豆が新しいか、古いかによって違うので、20〜40分を目安に様子を見ながらゆでる。

Ⓑ

Ⓐ

手作りならではのおいしさ

バースデーケーキ

たとえ上手にできなくても
おうちケーキらしいかわいさが

トータルで1時間半ぐらいかけて作ります。スポンジケーキは焼きたてよりも、少し時間がたったほうが生地が落ち着きますし、お祝いの当日はお料理の支度もありますから、スポンジは前日に焼いておき、デコレーションだけ当日にするのがスムーズ（私はいつもそうしています）。最初はうまく行かなくても、何度も作るうちにコツがつかめます。

材料（18cm）

スポンジ

卵…S～Mなら4個、Lなら3個　薄力粉、砂糖…各90g

バター…30g　牛乳…30ml

デコレーション

生クリーム（乳脂肪分38%以上）…1～2パック

砂糖…生クリーム1パックあたり大さじ1～2

好みのフルーツ…適量

＊生クリームは1パック200mlです。1パックだとクリーム少なめに仕上がり、2パックだと少し余ります。

＊写真のフルーツは、いちご1パックと桃の缶詰1缶を使っています。

◎下準備

- 卵は冷蔵庫から出して常温に戻す（冷たいと泡立ちが悪い）。
- 薄力粉は高い位置から3度、ふるっておく（粉に空気を含ませてふんわりさせるため）《写真A》。
- 型にバターを塗り、薄力粉をはたく（ともに分量外）《写真B》。
- 大きめの鍋かボウルに、45度ぐらいの湯を準備する（湯煎に使う）。
- 小さな器にバターと牛乳を入れ、湯煎で溶かしておく。
- オーブンを180度に温める。

Ⓑ

Ⓐ

◎スポンジを焼く

① ボウルに卵、砂糖を入れ、ハンドミキサーでまぜほぐしてから、湯煎にかけてもったりするまで泡立てる。くっきり波が立ち、すくって高い位置から落とした時にサーッと落ちて少し残るぐらいまで、10分以上、根気よく行う《写真C》。
② 湯煎からはずし、薄力粉を2度に分けて加え、その都度へらで切るようにまぜる《写真D》。
③ 準備していたバターと牛乳の器に②の生地を大さじ1～2ほど取り分けて加え、よくまぜる《写真E》。
④ ②のボウルに、③を加えて、切るようにまぜたら、型に流す。10cmほどの高さから2～3回、台にたたきつけて空気を抜く《写真F》。
⑤ オーブンに入れて180度で20分ほど焼く（竹串を刺して、生っぽい生地がついてこなければOK）。
⑥ 焼きあがったらすぐに型から取り出し、網にのせて完全に冷ます。

＊焼き時間はオーブンにより多少異なります。

Ⓓ

Ⓒ

Ⓕ

Ⓔ

◎デコレーションする

① フルーツを切る。スポンジの間にはさむものは薄切りに、上にのせるものは好みの大きさに切る。
② 生クリームを泡立てる。氷水で冷やしながら、8分立てにする。
③ スポンジを半分にカットし、間にもクリームを塗って、フルーツを飾り、スポンジではさむ《写真G～I》。
④ フルーツやクリームを飾って仕上げる《写真J》。

Ⓗ

Ⓖ

Ⓙ

Ⓘ

秋の暮らし

3

Autumn

秋の畑

多くの夏野菜が収穫を終える10月頃。ようやく畑に秋がやってきます。コスモスがきれいな花を咲かせるかたわらで、つぎの作付けに主人が精を出しています。

畝《うね》を整備し、連作に気をつけながら冬野菜の種を蒔き、枯れ落ち葉を集めて堆肥作りをして——。この時期の畑も仕事がいっぱいの様子。でも、静かな自然の中にいると心が休まるし、雑草取りにしても、土を耕すにしても、身体を動かした分だけ成果が見える畑仕事は、とてもやりがいがあるのだそうです。

11月に入るとさつまいも、さといも、生姜などが収穫に。夏の間は硬くて食べられなかったクレソンも、秋からはまた、おいしくなって、食卓に彩りをそえてくれます。

さつまいもとさといもが食べ頃に(写真左)。最後のオクラも穫りました(右)。冬に向かって大根が成長中です(中)。

秋の食卓

秋はお米がおいしい季節。ふだんは玄米パウダーをまぜたごはんを食べていますが、新米の時期はぴかぴかの白いごはんを味わうのがたのしみです。夏の陽射しもやわらいで、食欲も出てきますから、ごはんに合う献立を考えたくなります。秋の味覚といえば、お魚屋さんには新鮮なさんまが並ぶ頃。シンプルに塩焼きもおいしいですけれど、今日は旬の恵みを丸ごと食べられるように、じっくり骨までやわらかく煮込みました（さんまの辛煮）。カルシウムがたっぷりだから、育ち盛りの子どもたちにもぜひ食べてもらいたい料理です。

野菜をたくさん食べたい時には、揚げびたしや豚汁をよく作ります。揚げびたしは、れんこん、さつまいも、かぼちゃなどを順に素揚げして、濃い目のめんつゆに少しつけたら取り出し、またつぎに揚がった野菜をつけて……と、流れ作業で繰り返します。この作り方だと、めんつゆも油も少なめで大丈夫。油はフライパンに1cmほどそそぎ、1回で使い切ります。豚汁の具は、欠かせないのが風味づけになるごぼう。あとは家にある根菜類と、こんにゃく、とうふを入れるのが定番です。

毎日の献立は、鍋で作り置けるもの（煮るもの）＋食べる寸前に仕上げたいフライパン料理（焼く、炒める、揚げる）を組み合わせて考えると、決める手がかりにもなるし、支度の段取りもスムーズです。たとえば、煮物が野菜ならば、フライパン料理は肉や魚に。煮物が肉や魚ならば、フライパン料理は野菜にしましょう、という具合。煮物は、朝のうちに作ると味もしみておいしくなるから一石二鳥です。そこに汁物と常備菜を加えて味のバランスをとります。

常備菜はあまり気負わず、残り野菜など単品で作れるものを、少しの量から試すのがいいと思います。作るのも簡単ですし、食べきれるからまた作りたい気持ちになります。秋はおいもやきのこがたくさん出まわりますので、後のレシピを参考にしてくださいね。

そんな日常の料理とは別に、ゆったりした気分で向き合うのが栗の渋皮煮です。食べるたのしみを思い浮かべながら、コツコツと栗の皮をむいています。

●めんつゆ → P66　●さんまの辛煮 → P78
●栗の渋皮煮 → P80

さんまの辛煮

魚の下ごしらえの中でも簡単な筒切りを覚えましょう。
3時間かけてじっくり煮るから、骨まで食べられます。

材料（4人分）
さんま…4尾
しょうが…30g（2〜3かけ）
酢、水…各250ml
A〜Cのいずれか

A 酒…250ml、しょうゆ…150ml
B 酒…250ml、しょうゆ…150ml
みりん…100ml
C 酒…250ml、しょうゆ…80ml
梅味噌…大さじ3

① 厚手の鍋に、4等分に筒切りにしたさんまを切り口が上になるように並び入れ、薄切りにしたしょうがを散らして、酢と水をそそぎ、強火にかける。アクを丁寧にひき、落し蓋をする。煮汁が煮立つ直前に火を弱め、煮汁がなくなるまで煮る（約1時間）。
② A〜Cのいずれか（好みで選ぶ）を加え、再び落し蓋をしてさらに火を弱め、焦げないように気をつけながら、煮汁がほとんどなくなるまで煮る（約2時間）。

＊冷蔵庫で約1週間保存可能。

①

②

③

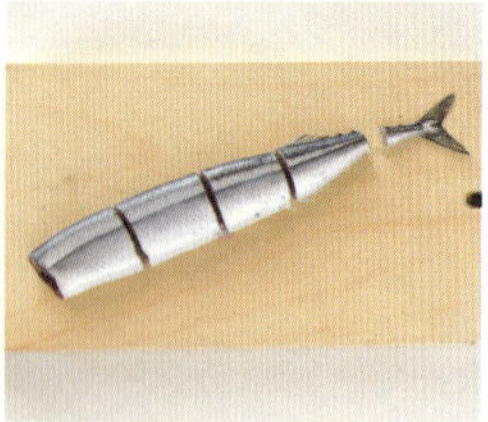

準備（筒切り）

① 胸びれのつけ根に包丁を入れ、頭を切り落とす。
② 包丁の先を使い、切り口からはらわたを取り出して洗う。
③ 尾を切り落とし、筒切りの4等分に切る。

きのこのおかか煮

きのこのうま味をたっぷり味わう10分で完成レシピ。
日本人が大好きな味つけです。

材料（作りやすい分量）
えのき…2パック
生しいたけ、本しめじ、まいたけ…各1パック
しょうゆ…大さじ3
みりん…大さじ2
かつおの削り節…10gくらい

① えのきは3cmの長さに、しいたけは6～8等分に切る。まいたけ、しめじは小房に分ける（まいたけ以外は石づきを取ること）。
② 鍋にしょうゆ、みりんを入れて中火にかけ、きのこ類を加えて5分ほど煮る。火を止めて削り節をふり、煮汁を吸わせる。

＊冷蔵庫で約10日間保存可能。
＊炊きたてのごはんにまぜる、肉や豆腐と炒める、蒸し野菜や塩もみ野菜と和える（ごま油をちょっと足すとなおおいしい）など、幅広く使える味の素になります。

さつまいものレモン煮

さっぱりとした甘さで、箸休めにぴったり。
子どもたちのおやつ代わりにしても。

材料（作りやすい分量）
さつまいも…400g（大1本ぐらい）
レモン…1個
砂糖（またはみりん）…大さじ1～2
塩…少々

① さつまいもはよく洗い、皮つきのまま1cmの輪切りにする。レモンは5mmの薄切りにする。
② 鍋にすべての材料を入れ、ひたるぐらいの水を加えて落し蓋をし、中火で10分ほど、さつまいもがやわらかくなるまで煮る。

＊冷蔵庫で3～4日間保存可能。

Point 皮ごと使うレモンは、国産などでノーワックスのものを選ぶと安心。手に入らない場合は、皮をむいて作ってもOK。

栗の渋皮煮

きれいにおいしく仕上がった時のうれしさは格別。
今日は一日家でゆっくり……なんて日に、
気長に手を動かして作ります。

材料（作りやすい分量）
栗…1kg
砂糖…400～500g
重曹…大さじ2
塩…少々

準備
栗を水に2時間ほどつけて、鬼皮（外側の堅い皮）を柔らかくする。

① 栗の鬼皮をむく。渋皮（内側の薄い皮）を傷つけないように注意し、栗の底の部分から極浅く包丁を入れ、鬼皮をはがすように引っぱりながらむく（渋皮に傷がつくと、後々煮くずれる。もし傷がついてしまったら、よけて渋皮を向き、栗ごはんなどに使う）。

⑤ そのままひと晩おいて味を含ませる。煮沸消毒した瓶に、栗を入れ、煮汁を栗がすべてつかるぐらいに加える。

＊冷蔵庫で約2週間保存可能。なお、砂糖を700gに増やして甘くすると、冷蔵庫で1〜2カ月ほど保存可能に。

Point せっかく手間をかけるのだから、栗は新鮮で、できれば大きさが揃ったものを選びます。①で皮をむいた時、黒い穴がポツッとあいてたら虫が食べた証拠。残念だけれど使えませんのではじきましょう。

右は作り方①で、鬼皮をむき、渋皮だけになった栗。左は作り方③で、渋皮をこすり、きれいになった状態です。

② 鍋に栗を入れ、たっぷりかぶるぐらいの水をそそぎ、重曹を加える。中火にかけ、アクをとりながらゆでる（約40分）。栗をざるにあけて湯をきり、色が出なくなるまで水にさらす（何度か水を取り替える）。

③ 水中で、栗の黒っぽい筋を爪楊枝の先などで、ていねいにとる。残った渋皮は、爪楊枝の側面でこそげながら落とす。流水できれいに洗い、水をきる。

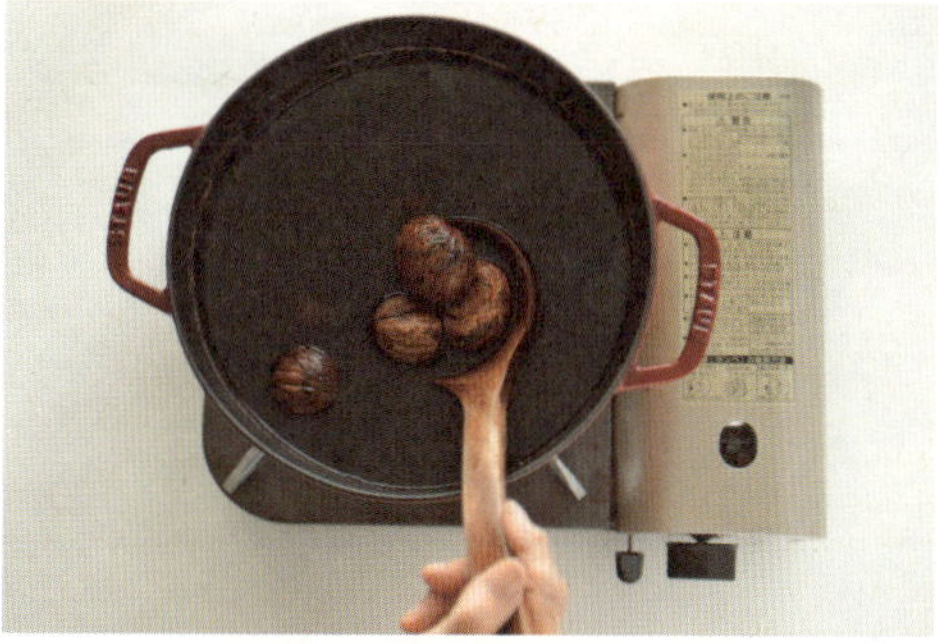

④ 鍋に栗をもどし、かぶるぐらいの水、砂糖、塩を入れて弱火にかける。煮汁がひたひたになるまで1時間ほど煮る。

○子どもといっしょに作る季節のお楽しみ

お月見だんご

中秋の名月（十五夜）には、豊かな実りに感謝しておだんごとすすきをお供えします。季節の行事を子どもとすごすのは、とてもたのしい時間です。子どもはおだんご作りの名人だから、一緒に丸めて盛り上がりましょう。

材料（約20個分）

白玉粉…200g
絹ごし豆腐…200g
●みたらしのたれ
しょうゆ、みりん、片栗粉…各大さじ2
砂糖…大さじ4
水…150ml
●きなこ
きなこ…大さじ1
砂糖…小さじ1

作り方

① 大きめのボウルに白玉粉を入れる。豆腐を少しずつ加えて、その都度よくまぜながら、耳たぶぐらいの柔らかさになるまでこねる。
② 20等分を目安に丸め、中央を少しくぼませる。
③ 鍋に湯を沸かし、②のだんごを入れてゆでる。だんごが浮いてきたら、さらに2分ほどゆで、氷水にとる。ざるにあげて水けをきる。
④ みたらしのたれは、鍋に材料をすべて入れ、弱〜中火にかけてかきまぜながら、とろみがつくまで煮る。きなこは、砂糖と合わせてまぜる。

＊お月見にお供えしたおだんごは、食べる段階で、みたらしのたれや、きなこをつけます。

まんまるにできたよ！

みんなよくまぜて

すすきは近所で摘みとってきたもの。

おだんごの形がいろいろなのはご愛敬です。お豆腐をまぜて作るから、生地が扱いやすくて子どもだけでも作りやすいレシピです。

column・もてなし

いつものごはんでおもてなし

歓迎の準備は等身大で

お客様が多いわが家では、いつ誰がいらしてもいいように、朝のうちに部屋を整えていますが、食事の面でもそんな心づもりでいます。タイミングが合えば、どなたにでも「ごはんをどうぞ」と、お誘いしたいのです。

けっしてごちそうを準備しておくのではなく、たとえば、家族4人分のつもりで用意していた晩ごはんを、6人分にわけて、冷蔵庫にあるもので一品増やすようなやりくりをします。「あるものですけれど」とお声をかけ、お相手にも気兼ねなく食べていってもらえたら、いろんな方々とよりお近づきになれる気がします。

あらかじめお約束をして、お招きすることもたくさんありますが、そういう時でも、ふだんのお料理とそう変わりません。ずっと以前はごちそうをお出しするものと思っていましたけれど、外国の方をお招きする機会が多いなかで、認識が変わりました。お寿司や天ぷらは外でおいしいものが食べられますから、みなさん、日本の家庭料理が食べたくていらっしゃるのですね。

それならと、いつも作っている得意の献立にメインのお肉料理をちょっと増やすぐらいの感覚で準備するように。みなさんが喜んでくださる姿を見て、わが家らしいおもてなしもいいものねと、腑に落ちたのです。

ある日のランチ会

ママ友だちやお遊び仲間、主人の同僚、子どもの友だちなど、わが家に来てくださる方々の顔ぶれは、実にさまざまでした。最近では、孫を通じたば

あば友だちや、お若い方々との交流も生まれ、おつき合いが広がっています。

今日はセラピストの小川純一さんと、そのお友だちの山田里美さん、香菜子さんが遊びに来てくださいました。小川さんとは数年前に、「気が合いそうよ」と知人を通じて知り合いました。その後、小川さんのアトリエでお食事を任せてもらったり、お友だちを紹介してくださったり、さまざまなご縁をつなげてくれました。山田さんは歌い手さん、香菜子さんはモデルとイラストレーターというお仕事。それぞれにご活躍ですが、日々の暮らしを大切にしている方々なので、おうちを行き来することで会話がはずむようになりました。

ランチをご一緒にと、お作りしたのはローストビーフです。わが家ではクリスマスやお正月の定番で、グレービーソースに米粉でとろみをつけています。前日からの準備もできますから、ボリュームがあって段取りしやすい、おもてなしの定番でもあります。

メインが決まったら、あとは主人の畑で採れた野菜で、サッとサラダなどを作ります。新鮮な野菜は凝ったお料理にしなくてもおいしいですから、みなさんにも喜んでいただけて、素材の力に助けられています。ランチですから主食は軽めにしようと、近所で評判のパン屋さんで、バゲットを調達しました。何切れかには、はちみつとごまをかけてトースト。こんがりはちみつとごまの風味がよく合うおすすめの食べ方です。そのほかは、かぼちゃとブロッコリーのペーストを作り、お好みで使えるように添えて、簡単に味のバリエーションをつけています。

みなさんのお顔を思い浮かべながら、何を作ろうかしら、と考えるのはたのしい時間。そして、家族でも友だちでも、一緒にごはんを囲めることは、幸せだなあと思います。

左奥が小川さん、手前が香菜子さん、右奥が山田さんです。いつもは和食でおもてなしが多いのですが、今日はワインに合わせた献立に。

冬の暮らし

4

Winter

冬の畑

一年の中で最も静かな冬の畑の景色。でも、主人の畑は意外に実りが豊かです。大根、にんじん、かぶ、ねぎ、ほうれん草、小松菜、春菊、水菜――。この時期、お鍋料理に使える野菜があったらうれしいだろうと、小さな畑の限られたスペース(およそ50坪です)が、四季を通してうまくまわるように、作付けの計画を立てているのだそう。

縁あってはじめた畑も、足かけ7年。畝による土壌の違いや、野菜による酸度の調整など課題がいっぱいあるぶん、「これで完全」がないのが畑仕事のおもしろいところだと、主人は話します。収穫の狭間には土の天地返しや、落ち葉などをすき込んで土壌を改良しながら、春をむかえる準備を整えています。

今日は立派な大根が穫れてうれしかったです。きれいな色のにんじんも、とてもおいしそうで、お料理をするのがたのしみ。

冬の食卓

私の子ども時代はどこの家庭でも、お正月は買い物や料理をしなくてすむように、お節料理を準備していました。三が日の間は、毎日お節とお餅を食べてすごしたものです。お餅がカビないように、瓶に水をはってお餅をひたしておく「水餅」という保存方法があったのを懐かしく思い出します(お水は毎日替えます)。

自分が家庭を持つようになってからも、お正月にはお節を食べたいと思ったものの、子どもたちが小さかった頃はなかなか手がまわりません。そこで、ママ友だち何人かと「私は黒豆」『私はなます」などと分担することを思い立ちました。数年の間でしたが、よそのご家庭のお節の味を知る機会にもなって、たのしい経験として記憶に残っています。

そのうちに、三が日があける前からはじめるお店も増えましたけれど、今でも元旦はやはりお節料理を家族で囲むのが、お正月らしくてうれしいのです。ただ、お節料理といっても、そう特別なものを作るわけではありません。炒めなますもりんごきんとんも筑前煮も、わが家ではふだんから食べているものばかり。冬の定番料理として、それぞれひと月に2~3回は食卓に並べています。なぜかと言えば、根菜が多くて栄養のバランスがいいし、毎日食べたとしても飽きがこない味だからです(昔は日持ちのために甘い味付けにしていましたが、元旦だけならその必要もありません)。普段から作り慣れていれば、お節料理にするからといってかまえなくてすみます。おなじみのお料理も、お重につめたり、蟹やお刺身やローストビーフなどの華やかな料理をそえたりすることで、充分にお正月らしいテーブルが作れます。お重の中のひと通りを作るのに、かかるのはだいたい5~6時間と、盛り付けにプラス1時間ぐらいです。お料理のハードルが下がったぶん、器や盛り付けに凝ってみると準備の時間がよりたのしくなります。

もし、帰省などでお節料理を作る機会がない方も、ご紹介するレシピをふだんの献立に活かしてくだされば うれしく思います。

●りんごきんとん → P92　●だて巻き → P93

●炒めなます、黒豆、筑前煮、れんこんのはさみ揚げ、鶏手羽の照り焼き → P125

りんごきんとん

手に入りやすいりんごで作る、気軽なきんとん。
レモンの酸味でさわやかな甘さに。

材料（作りやすい分量）
- さつまいも…300g（中1本）
- りんご…1個
- レモン…½個
- 砂糖…150g

準備
さつまいもは皮を厚めにむき、1㎝厚さのいちょう切りにして、水にさらす。りんごは皮をむき、縦4等分にして芯を取り除き、いちょう切りにする。レモンは薄切りにする。

① 鍋に水けをきったさつまいもと、ひたひたの水を入れ、やわらかくなるまで煮る（約15分）。

② 別の鍋にりんご、レモン、砂糖、水150㎖を入れ、りんごがやわらかくなるまで煮る（約15分）。

③ ①の鍋の煮汁をすて、②のりんごと煮汁を好みのやわらかさになるまで加える。

④ ぽってりするまで練る。

Point ③で煮汁を加える時、さつまいもや煮汁がまだ熱いうちは「ちょっとゆるめかな?」ぐらいが目安です。冷めるとかたくなるので、冷めてから調製できるように、りんごの煮汁は残しておきましょう。

だて巻き

ハンディブレンダーなどがあれば、簡単に作れます。
卵たっぷりで、家族みんなが大好きな味です。

材料（作りやすい分量）
卵…6個
はんぺん…100～120g
（大なら1枚ぐらい）
みりん…100㎖
砂糖…大さじ3　塩…小さじ¼

準備
オーブンを250度に温める。
＊バットは約315×223×高さ20㎜を使用
（巻きすに収まる大きさであればOK）。

① ボウルにすべての材料を入れ、ハンディブレンダーでなめらかになるまで撹拌する。

② バットにオーブン用シートを敷き、①を流し入れ、オーブンで15分ほど焼く。

③ 網の上で粗熱をとり、温かいうちに巻きすにのせて、しっかりと巻く。

④ 輪ゴムで巻きすを固定し、完全に冷めるまで置く。

Point ハンディブレンダーがなければ、フードプロセッサーやミキサーを使っても。オーブンの設定温度が低い場合は、少し長めに焼きましょう（230度なら18分ぐらい）。②で焼いている途中に、生地が膨らむことがありますが、焼き終えればしぼむので大丈夫。

味噌

「手前味噌」という言葉があるように、おうちで作る味噌のお味は格別。工程は多いけれど、いちどそのおいしさを味わうと、みなさん繰り返し作るようになるんですよ。

材料（できあがり約4kg分）
大豆…1kg
米麹…1kg
塩…500g
焼酎（消毒用）…適量
＊消毒用のお酒は、アルコール35度以上のものを、スプレー容器に入れて使う。ホワイトリカーでもよい。

道具
大豆をゆでる大きい鍋
保存容器（陶器、琺瑯など容量5～6Lが目安）
大豆をつぶす容器（漬け物樽、洗い桶などのほか、大きいボウルを何個か使っても）
大豆をつぶす道具（めん棒、すりこぎなど）
＊そのほか、厚手のファスナー付き保存袋、重石用ペットボトルを使う。

○大豆をもどす（前日に）

① 大豆は、手のひらでこすり合わせるように、水を3～4回替えながら洗う。
② たっぷりの水（大豆の約2倍）に、ひと晩以上（8～10時間）つけて戻す。
③ 途中、大豆が水面から出ないように気をつける。

Point 味噌は暑さに向かって熟成するので、寒い時期に作ったほうがおいしく仕上がります。1～2月ころが最適で、7～8月に天地替えするといいでしょう。

○大豆をゆでる（約3～4時間）

① 鍋にもどした大豆と、たっぷりの水を入れて中火にかける。
② 煮立ったら弱火にし、アクをとりながら、大豆がつねに水をかぶっている状態で、3～4時間ほどゆでる。

③ 大豆が指先で軽くつぶれるぐらいのやわらかさになったら火をとめ、熱いうちにざるにあげてゆで汁をきる（ゆで汁はとっておく）。

＊圧力鍋を使う場合は説明書に準じた方法で、30～40分を目安にゆでる（一度にゆでられない時は、何度かに分ける）。

○大豆をつぶし、麹や塩とまぜて味噌を造る（約1時間）

① 大きな容器に麹と塩を入れて、手でこすり合わせながらしっかりとまぜ、塩きり麹を作る（大豆を煮ている間にやっておくとよい）。

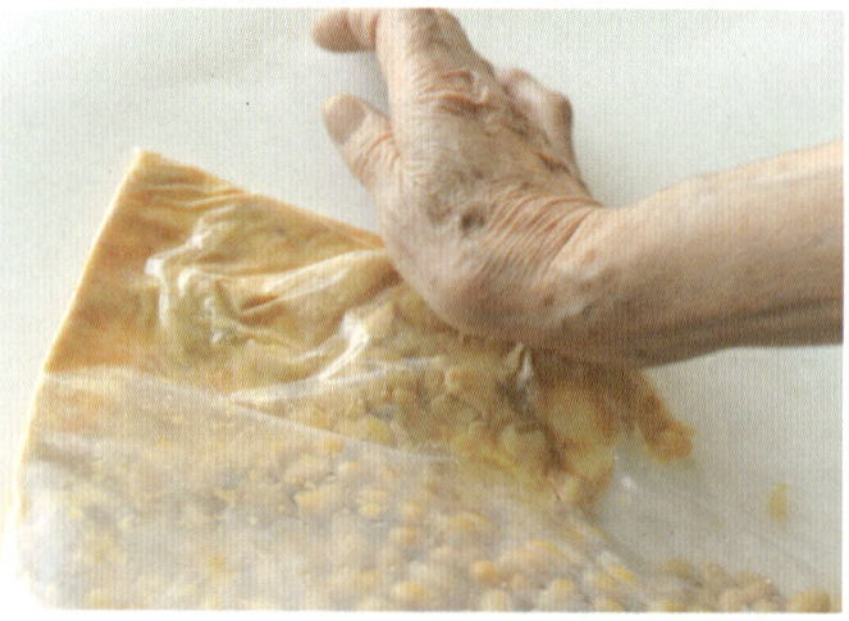

② ゆでた大豆の粗熱がとれたら、温かいうちに厚手のファスナー付き保存袋に入れて、袋の上から手の平や綿棒でつぶす。

③ ①の塩きり麹に、つぶした大豆（人肌以下に冷めたもの）を加えて、さらによくまぜて味噌を造る。

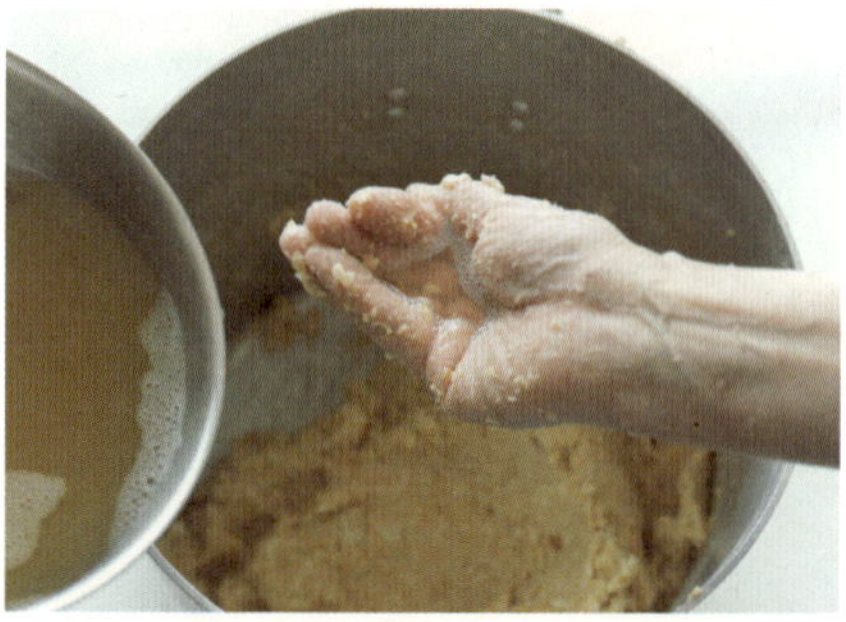

④ 固い場合は、とっておいた大豆のゆで汁を少しずつ加えてまぜる。耳たぶぐらいのやわらかさが目安。

○容器につめる（約30分）

① 保存容器の内側に焼酎を吹きかけて消毒する。
② まぜあがった味噌を丸めながら、容器につめる。手の平や甲で押しながら、しっかり空気を抜き、表面を平らにする。

③ すみっこにカビがはえやすいので、焼酎を吹きかけておく。

④ 空気に触れないようにラップをかぶせ、ペットボトルなどで重石をする（重石の重さは、味噌の10％が目安）。

○天地返し（5～6カ月後、約10分）

① 保存容器を開け、味噌の表面にカビが出ていたら、取り除く。
② 全体をよくかきまぜる。
③ 焼酎を吹きかけて、ラップをかぶせ、重石をする。

＊1～2月に仕込んだ場合、6～7月に保存容器の中をかきまぜて天地返しをすると風味がよくなる。

半年をすぎると食べ頃になります。味噌は寒い時期に仕込んだほうが、雑菌がまざりにくく、ゆっくり熟成されていくので、わが家では毎年2月頃に仕込んで、9月頃から味見をします。発酵時間が短いと味噌の色が大豆の色に近く、長いほど赤黒い色に。好みの加減で熟成させてみてください。

○子どもといっしょに作る季節のお楽しみ

子どもと一緒に作るのは、コトコト煮込むジャムではなくてちょっと煮るだけの気軽なジャム。

お砂糖も控えめだからそんなに日持ちはしないけれど思い立った時に作れて繰り返せるのがのがいいところです。

りんごジャム

材料（作りやすい分量）
- りんご（皮が紅いもの）…2個
- 砂糖…大さじ2〜3
- レモン…½個
- シナモンパウダー…少々

作り方
① りんごは皮をむく（皮はとっておく）。8等分して、厚さ2〜3mmのいちょう切りにする。
② 厚手の鍋にりんご、皮、砂糖、レモンの絞り汁、水100mlを入れ、中火で20分ほど、好みのとろみ加減まで煮る（皮はそのまま煮つぶして食べても、取り出してもよい）。味を見て、足りなければ砂糖を加える。

＊冷蔵庫で1〜2週間保存可能。
＊りんごの形が残る仕上がりです。なめらかにしたい場合はハンディブレンダーでつぶしましょう。

＼みんな出番ですよ〜／

＼交代でまぜようよ／

＼出来たてピンクのジャム！／

子どもたちにはお鍋の見張り番をお任せ。できあがったら、パンに塗ったり、ヨーグルトにかけたりして食べます。りんごの味が残るフレッシュなジャムは子どもたちも大好き。今回使ったりんごは「秋映え」という種類です。皮を入れたまま煮たら、とてもかわいいピンク色になりました。

column・器

わが家の食器棚

器選びの愉しみ

もう30年ぐらい前のお話です。PTAの集まりに、お重につめたお饅頭を差し入れたことがありました。お重のおかげで、上等なお菓子に見えたのでしょう。おいしい、おいしいってみんながあまりにも褒めてくれまして、ほんとうはお安いお饅頭だとは、言い出せない雰囲気に（笑）。「お料理はまず、目で食べるもの」とふだんから思っていますけれども、その出来事では、つくづく器や盛り付けの効果を感じたものです。

結婚当初から、器を選ぶのが好きでした。最初に揃えたのは洋食器。でも、使っているうちに、洋食器は和食に合わないけれど、和食器ならば洋食にもいけると気がついて。民芸品のお店や器屋さんなどで、焼きものを買うようになりました。車で少し走らせたあたりに行きつけのお店がいくつかあって、ぶらりと訪れてはさまざまな器に触れるのが、息抜きのような時間でした。器にしても、自分の好きなものを見つけては10年、20年と使い続けています。

わが家のお食事は、大皿に盛り付けて取り分けるスタイルです。メインのお肉やお魚を28～30cmぐらいの大皿に、副菜を21cm前後の中鉢や中皿に盛り付けることが多いでしょうか。中央にそれらを並べましたら、それぞれの

収納量たっぷりの水屋箪笥。よく使う器は、手前にしまいます。

21〜28cmぐらいが、いちばん使いやすいサイズです。

席には木のトレイを敷いてから、お取り皿と、ごはんやお味噌汁をのせています。布のランチョンマットを使うと洗濯物が増えますので、長年そうしてトレイを愛用しています。お教室にくる方にも好評でしたから、どなたにでも喜ばれるかしらと思って、結婚のお祝いにプレゼントすることもあります。

大皿料理になったのは、そのほうが何かと調整がきくからでした。たとえばお魚などは3切れ入りで売っていることが多く、4人家族には中途半端。だから切り身魚でも2〜3等分にして、大皿に盛り付けてみんなで分けるのがちょうどよかったのです。あとは「コラム・おもてなし（84ページ）」でも書きましたように、飛び入りで晩ごはんをご一緒するお客様がほんとうに多かったので、いつ人数が変わってもいいように、大皿盛りが定着したというわけです。よほどのお客様にはお取り箸を出しますが、ほとんどの方にはあえて出さずに、気軽にみんなでつつきながらお皿を囲むのが好きです。

献立が決まると、私はまず、仕上がったお料理を好きな器に入れて、テーブルに並べたところをイメージします。今日のお料理には赤がないと思ったら、スプーンや器で赤をおぎないます。白い器でお料理を引き立てたり、青で涼やかな雰囲気にしたり、食が進む盛り付けになるように、全体のバランスを考えて器を選んでいます。

わが家にぴったりの食器棚

20年ほど前、お料理教室をはじめると、ついつい器が増えていきました。ふつうの食器棚だと大きなお皿が入りませんので、代わりに本棚を使っていたんですが、ガラスの扉だと中身が見えるのがうるさく感じて、落ち着きません。生徒さんが出入りをしますので、もっとお部屋をすっきりさせたいし、何かいい案はないかしら。

常々そう思っていたところ、秋谷の「クラフトギャラリー マーロウ」に器を見に行った際に、年代ものの水屋箪笥に出会いました。思い切ったお買いものでしたが、大きい器もたくさん入って、どっしり丈夫で、貫禄があって、とても気に入っています。現在は、家の建て替えでマンションに仮住まいをしているのですが、ダイニングにこの水屋箪笥を置いたとたん、わが家らしい雰囲気になった気がします。

お気に入りの器

揚げびたし、炒め物などに登場することが多いです。31cm。鎌倉の「はたの」で買いました。

B級品で買った30cmの大皿は、コロッケやソテーをこんもりとよそうのにちょうどいい具合です。

片口が好きで、気がつけばたくさん持っています。副菜向きだから18〜25cmのサイズが重宝。

20年ほど前に出会った、こばやしゆうさんの器。お漬け物を盛るのによく使います。約21cm。

青に惹かれて買った沖縄の湯飲み。ごはんを入れたり、スープを入れることも。11.5cm。

15年以上、ほぼ毎日使っているいちばんのお気に入り。欠けても使い続けています。約28cm。

見映えのいい漆ものはおもてなしに活躍。丸いお重はランチの際、お弁当箱のように使うことも。

いただきもののノリタケは30年選手。カレーを食べる時、小さいほうを子ども用にしています。

暮らしの工夫

1.「洗濯」は夜干して朝には取り込む

日中、洗濯物を干している光景が目に入るのが、気になっていました。わが家はお客様の出入りが多かったこともあり、軒先とはいえ洗濯物がさがっていると、とたんに所帯じみてしまいます。そこで、洗濯物は夜に干して、朝には取り込んでしまおうと思いました。

夜、お風呂に入っている間に洗濯機をまわし、お風呂から出たら室内に干す、という流れで作業します。これが私の一日の最後の仕事です。疲れていると、面倒に思ってしまう日もありますけれど、「これができるのは幸せなこと。家族が病気だったりしたら、こうはいかないわ」と気持ちを切り替えています。

朝起きたら室内の洗濯物をいちど外に出し、1時間ほどお日様にあててしっかり乾かしてから、取り込みます。雨や曇りの日にも長々室内に干しておくことはなく、乾燥機を使って完了させます。

◎朝7時には、たたんで引き出しの中へ

取り込んだ洗濯物は、すぐにたたんで引き出しの中へしまいます。だいたい6時半ぐらいに取り込んで、7時前には部屋の中から洗濯物が片づき、すっきりとした状態になっています。この朝の段取りで一日が気持ちよくすごせますし、突然、お客様がいらしても大丈夫です。

洗濯物をたたむのは、大好きな作業です。孫たちが起きてくる前の静かな部屋で、すみっこをきちんと揃えたり、手でシワをのばしたりしながら、ピシッとたたんでいきます。

7時前には、すべて引き出しの中へおさまるように。引き出しの高さに合わせてたたみ、見渡せるように立てて収納します。

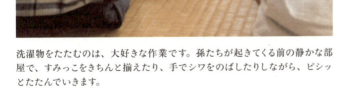

2. 毎朝の「掃除」は流れ作業でサッとすませる

わが家の掃除は、毎朝するもの、ついでにするもの、気づいた時にするものの、だいたい3パターンです。毎朝決まってするのは掃き掃除とトイレの拭き掃除で、流れ作業ですませます。台所やお風呂や洗面所の水周りは、作業の合間や自分が使った後などに、ついでに拭いたり磨いたりがラクです。これらの場所は汚れやすいので、毎日ちょこちょこを心がけます。

それ以外の窓やコンロや冷蔵庫、棚の拭き掃除などは、「今日は徹底的に掃除をする！」とスイッチが入った時に取りかかります。おおよそ週に1〜2回でしょうか。不思議なもので、毎日同じ様にすごしていても、家の汚れが気になる時と、気にならない時があるのです。たとえば「あら、こんなに汚い」と、棚の上のホコリが目に付いたら、他の場所も汚れているでしょうと思って、全部を拭くようにしています。

◎毎日すれば、10分で終わります

玄関からリビングにかけてや、トイレなど、家族がいちばん使う場所は、流れ作業で一気に掃除。毎日の習慣にしたほうが勝手に体が動きますし、汚れもためずにすむからそう時間もかからないのです。床の掃除はほうきを使うのが、軽いですし、コードを抜き差しする面倒がありません。

玄関から、廊下を渡ってリビングまでのひと通りを掃いたら、窓から掃き出しています。庭や玄関まわりなど、外の掃除は主人が担当。

トイレは、ペーパーにかけるタイプのクリーナーを使って拭くのが便利。毎日のことだから、より簡単な方法を選びましょう。少しでも気持ちのいい場所にしたくて、庭の草花をたやさないようにしています。

3.「片づけ」はものの置き場所を決めることから

片づけの基本は、どんな小さなものにも「指定席」を作ることからはじまります。置き場所さえ決まっていれば、使い終えたら戻すという単純作業を繰り返しているだけで部屋が整いますから、片づけをためることがありません。

私はいつも、使いやすく、見た目がきれいなように、置き場所を決めています。同じジャンルのものは一箇所に集めて、その中でよく使うものは取り出しやすい手前、そうでないものは奥へ。ギューギューだと出しにくいので、なるべく余裕をもって並べます。とくにキッチンは仕事場ですので、つぎに使う時のことを考えて、たとえしまう時にひと手間かかっても、使う時の快適さを優先させています。同じジャンルをまとめるというのは、食料品においてはとくに気にかけます。「買っていたのを忘れてた」がないように、ひと目でわかる収納にしてます。

キッチン①

◎「使う時がラク」な状態でしまう

キッチンは主婦の仕事場です。効率的に作業ができるように、「使いやすくしまう」ことを考えています。多少の手間がかかったとしても、きれいに揃っているものを使うほうが、なんとも気持ちがよくてうれしくなります。

スーパーの袋

スーパーの袋はサッと結んでざっくりとしまう方も多いかもしれませんが、たたんで収納するほうが、かさが減って場所をとりません。さらに、大、中、小とサイズごとに分類しておくと、使う時に目的のサイズがすぐに選べます。

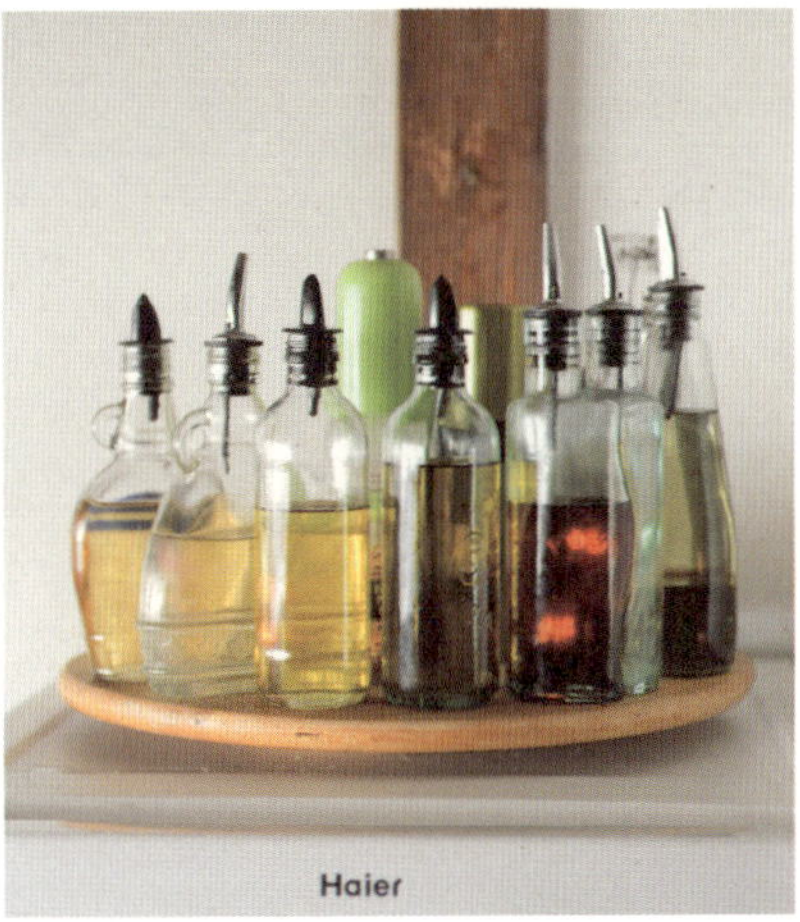

オイル類

料理中に何度も手にする油や調味料は、瓶に移し替えて見た目をそろえ、すぐ使える場所に集合。蓋の開け閉めがなくてすむように、カクテル用の注ぎ口（アメリカのスーパーマーケットでまとめ買いしたもの）を付けています。

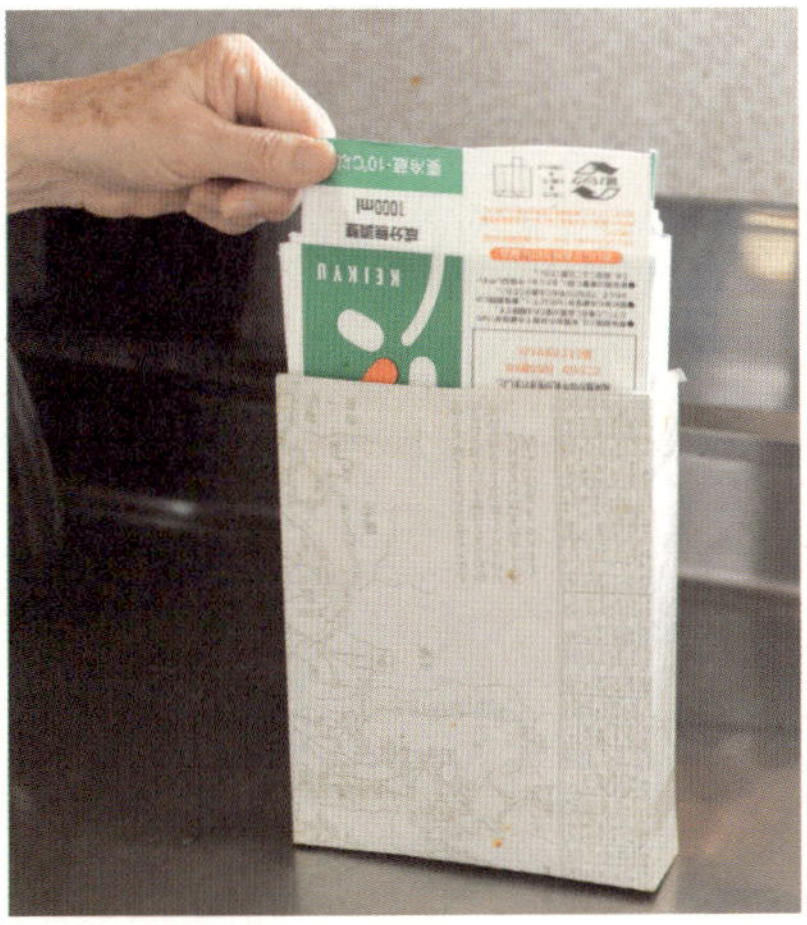

牛乳パック

お肉を切る時など、牛乳パックを開いたものがあると、まな板代わりになって使い捨てられますから、洗いものが減らせます。そのままだと扱いにくいので、使いやすい長方形に切り揃えてから、箱に立てて収納するのが便利です。

輪ゴム

パンやお菓子の袋に使われている針金は、あると便利なので捨てずに再利用（くるんと巻いておくと出し入れがラク）。輪ゴムと一緒にお菓子の中箱に入れて、シンク脇の引き出しの中へ収納。目当てのものが一発で手に取れます。

キッチン②

◎食料のストックは「ひと目でわかるように」収納する

〈右の扉〉①黒米、雑穀米を保存瓶に入れて　②ラップフィルムやポリ袋など　③ふりかけ

〈中央の棚、右側〉④子どものおやつのキャンディ　⑤お茶関係　⑥小麦粉、片栗粉など　⑦ファスナー付き保存袋(右の扉のラップフィルムなどの近くにしています)　⑧おやつを出すのに使うボウルと、食べかけのおやつ　⑨手前はのり、後ろにはミルサーなど

〈中央の棚、左側〉⑩自家製乾物(レモングラスやしょうがなど)　⑪乾燥ハーブ、スパイス類　⑫カレーに使うもの、ごま　⑬砂糖や塩　⑭パンにつけるもので、常温保存のもの　⑮精米器とホットサンドメーカー　⑯よく使うレシピ本

〈左の扉〉⑰粉寒天、きなこ、青のり　⑱かつお節　⑲ローストガーリックなど　⑳粉チーズ、鶏ガラスープの素、ブイヨン

ふだんは扉を閉めて生活感を隠します。

見た目については、生活感のあるものが見えるのがイヤなので、ダイニングやリビングのテーブル、キッチンの流しまわりなど、台の上にものは出しません。それを守るだけで、だいぶ印象がすっきりします。私は時々、お客様の目線を確認するために、ふだんはつかないテーブルの席に座ってみます。そうすると、「わー、ここが見えるのね」とわかって、お片づけしなくちゃと思うのです。お客様をお招きするのは、部屋をきれいにする秘訣かもしれません。

とはいえ、やはり大切なのは、日々の繰り返しですね。いつも部屋がきれいになっていたほうが、何事にもやる気が出るからです。夕方少し疲れていても、キッチンが使いやすく整っていれば、気持ち良く食事の支度に入れます。さまざまな家事を先取りで準備するのと同じく、片づけは後で自分がラクをするための準備なのです。

ですから料理をしている時も、作りながら洗い物をしたり、ものをしまったりしています。手だけを動かして、頭ではつぎの段取りを考えているので、片づけを合間にはさむことはムダになりません。たとえ5分、食べるのが遅くなったとしても、洗い物までですませてから席につきます。

そのほかには、ものは使う場所に置くというのも、当たり前にしていました。たとえばちょっとしたことですが、個人のものだとしても帽子は玄関に置いていますし、下着はお風呂場の前の引き出しに収納しています。おうちのスペース事情にもよりますから、できるできないがあるかしれませんが、忘れた時に部屋に取りに帰るのが面倒なのもあって優先順位が高いのです。ハンカチやティッシュも、出かけにサッと持ち出せるように、玄関近くに置いています。

リビング

◎「見せない収納」で、キレイな印象を

家族がくつろいだり、お客様をお通しするリビングは、なるべくものが出ていないように。箪笥を置いて、その中に私の洋服や、本、書類など、いろいろなものを収納しています。

〈上〉湯飲み道具や箸置きなど、食卓まわりで使う細かいものは、リビングの箪笥の上段に収納。〈中〉下段の大きい引き出しには、私の洋服が入っています(個室がないので、リビングを使っているのです)。〈下〉本来、棚の上にはものを並べないのですが、本人たちが度々見たがるので、すぐ取り出せるように孫たちのアルバム置き場になりました。なるべく見た目をそろえています。

玄関

◎個人のものでも「使う場所に収納」するのが効率的

帽子や自転車用のヘルメットなど、家の中で使うことのないものを、部屋にしまうのは出し入れが面倒だから、玄関にかけられるようにしました。今どきのおうちみたいにシューズインクローゼットはありませんけれども、庭仕事や畑仕事で着る上着も、玄関にラックを置いてそこにかけています。

家族が多くなったら、下駄箱に靴が入り切らなくなり、引き出しを置きました。ヘルメットの下のかごには、お客様用のスリッパを入れています。

引き出しの中には、孫たちの小さな靴や、ビーチサンダルなどのラフな扱いでいいものを、横に倒して並べています。引き出しがちょうどいい高さなので、出し入れはしやすいです。

column・家族

家族の歩み

3チャンネルの家族

職場で知り合った主人は海育ちの活発な人で、私の両親に挨拶にくる際には、自分で海からとってきたトコブシの煮付けを手土産にしてくれました。昭和46年、清里で式を挙げ、新婚旅行は「あてのない旅をしよう」と、福井や新潟へ。知り合いの家なども訪ねながら2週間ほどすごし、お金がなくなった頃に「帰ろうか」と戻ってきたような気ままな旅行が、私たちの結婚生活のスタートです。

その後、長女、長男を授かって4人家族に。当時の私たちは、お友だちから「3チャンネルの家族」と呼ばれるほど、規則正しい生活でした。3チャンネルは当時の教育テレビのこと。主人が夕方5時半には帰宅できる仕事をしていたので、6時すぎには家族全員そろって晩ごはんを食べる毎日だったのです。主人が晩酌をするものですから、食事はつまみになるおかずから出していきます。ひと通りをゆったり味わったら、締めにごはんとお味噌汁とお漬け物を食べるフルコースを子どもたちもつき合っていました。そのスタイルは今でも変わりありません。

3チャンネルと呼ばれながらも、家庭で教えたいことは勉強以外にたくさんあるので、子どもたちにはいつも「おかあちゃまは教えられないから、学校でちゃあんと勉強してきて」と話していました。娘が6年生になると、中学受験を考えるならばとっくに塾に通う時期でしたが、娘にきけば塾はイヤとの答え。親のほうも、子どもが塾に通うことで晩ごはんが一緒に食べられないのは不本意です。それじゃあ中学受験はやめにして、貯えていたお金を使っちゃいましょうと、夏休みにアメリカ旅行を計画しました。

私にとって、初めての海外旅行です。ちょうどサンディエゴに親しい方がいまして、日本で買うより航空券がお安くなる「呼び寄せ切符」の手配や、スケジュールのアドバイスをしてくださいました。「アメリカの広さを子どもたちに見せなさい」と、レンタカーの旅を勧められ、カリフォルニアのサンディエゴから、アリゾナのグランドキャニオンに渡り、ニューメキシコ、テキサスなどを周って、サンディエゴまで戻ってくるコースに。途中、仕事の関係で主人が先に帰国しましたので、最後のロスからサンディエゴまでは私の運転です。子どもたちを乗せて、地図だけで最終地点を目指したのは、なかなかの冒険でした。

その経験をきっかけに、娘が「留学をしたい」と言いだしたのですから、物事はどう進むかわかりません。中学

校の3年間はしっかり日本で勉強することを約束し、それを守った娘は希望通り高校からアメリカへ留学。息子もその影響を受けて、高校の途中からアメリカへ渡りました。

子離れの時期

気がつけば40代半ばすぎにして、子どもたちは親の手を離れて行きました。思いのほか早く訪れた、夫婦ふたりの生活です。最初は戸惑いましたが、私は少しずつ、お料理を教えるお仕事をしていましたし、お休みの日には仲のいい友人夫婦と一緒に4人であちこちへ出かけるという、これまでとは違うサイクルができあがり、子離れのさみしさはまぎれていきました。

やがて50代になると息子が帰国。すると今度は主人が新潟に住みはじめます。それというのも、定年をむかえて長年のお勤めを終えた主人が、これまでの人生では経験できなかった「ひとり暮らし」を、一度はしてみたいと打ち明けたから。たまたま新潟にお友だちの別荘が空いていたため、あれよという間にその希望は実現しました。

新潟暮らしになってからは、ひと月のうち一週間ほど主人が葉山に帰ってくるか、さもなくば私が新潟へ出向きました。主人は別荘に備わっていた小さな畑を手入れし、ご近所の農家の方々の教えを受けて、見よう見まねで野菜を育てはじめるように。もともと海を遊び場にすごしてきた人ですから、自然の中から愉しみを見つけることが、向いていたのでしょう。

私のほうも、息子が一緒に住んでいるとはいえ、もう大人ですのでそんなに世話をすることもなく、ひとり暮らしのような時間をすごしていました。お料理教室のお仕事に打ち込むこともできまして、生徒さんも増えて人間関係も広がり、とても充実した毎日を送りました。

古い家では、柱に子どもや孫の背丈を残していました。

同居のはじまり

　しばらくは葉山と新潟を行き来していましたが、私が60代に入って少した頃に、アメリカに住んでいた娘が、家族を連れて帰国することに。ふたりの孫は当時3歳と2歳。同居をはじめるとしたら主人もいてくれたほうが助かると、新潟から引き上げてもらいまして、2世帯6人での暮らしがはじまりました。近所に住む息子夫婦にも孫が生まれ、私たちの生活はとたんに賑やかになりました。

　孫にはやはり、多少は甘くなるものの、暮らしの中で伝えていきたい内容は、子どもたちを育てていた時と、そう変わるものではありません。テーブルに出されたお料理はたとえ嫌いな野菜でもひと口は食べる、おうちの中で自分の担当仕事を持つ、宿題は遊びに行く前にすませる、などがそう。

　好き嫌いは仕方のないことですが、まったく触れずに避けていたら、ほんとうに食べられなくなってしまいます。味覚はどんどん変わりますから、その機会をまったく手放さないように、「ひと口ね」とお皿によそいます。

　担当仕事は、つまりは家のお手伝いです。たとえば小学校の低学年の頃には、晩ごはんで残ったものを保存容器に入れるのと、朝のお布団たたみが孫息子の仕事。自分たちの洗濯物をたたむのが、孫娘の仕事でした。最初は上手にできなくてフォローが大変ですし、自分でしたほうがずっと早いのですが、ぐーっとガマン。そこを抜けると習慣づいて、孫たちが自分でやってくれるようになるのです。お手伝いより一歩進んで、自分の仕事と思ってもらうのが、成長につながります。

　宿題を先にすませるのは、先手仕事が私のモットーなので、その快適さをわかってもらえたらうれしいとの気持ちからです。宿題が終われば、あとは近所の子どもたちがわが家に出入りして、それは賑やかに遊んでいます。今の子の名前はいろいろですから、覚えるまでは孫たちのお友だちのお名前やその兄弟関係などを紙に書いて、冷蔵庫に貼っていました。

日常の幸せ

　同居を機に、私のお料理教室はお休みにしましたが、しばらくするとお話し会に呼ばれる機会もできまして、これまでとはまた違う人との広がりを味わっています。主人のほうも、新潟に引き続き葉山でも畑を借りて、畑仕事に打ち込んでいます。午前中は主人は畑、私は家しごと。お昼はお互いが家にいても一緒に食べることはなく、それぞれが自分のペースですごしています。午後になれば、主人はウォーキングに出かけたり、私は孫の帰りを迎えたり。なんだかんだで一日はあっという間にすぎていきます。

主人は地元で育ったせいか、遊ぶ友だちが多く、小学校時代から高校時代の旧友、元同僚の方々など、たくさんのおつき合いが続いているよう。お仲間たちと年間計画を立てて、潮干狩り、釣り、たけのこ掘り、きのこ狩りなど、季節の収穫を愉しむ会を開いています。私は家で、その成果を待つばかり。おかげでわが家の食卓は、四季の恵みで彩られています。

そんな主人が定年をむかえた時、あらたまった手紙をいただきました。「ありがとう」の言葉とともに、中に同封されていたのは、私が30代の頃、はじめて母子だけの旅行に出かけた時に、留守番の主人に宛てた置き手紙でした。私は、まさか主人がそれをとっておいてくれたとは夢にも思いませんで、ほんとうにうれしくて、今度は主人からの手紙を私がずっと保管しています。いつまでもあの頃の気持ちを忘れないように。主人の手紙には、そんな意味も込められているのだと感じました。

わが家はとても古い一軒家で、同居になってからは少ない部屋数をやりくりしていましたが、この本を作っている現在、家を建て直しています。新居では、長男夫婦も一緒に住むことになりました。

家族ですごせる幸せをありがたく受け止めまして、春からは3世帯9人のさらに賑やかな暮らしを愉しんでいきたいと思います。

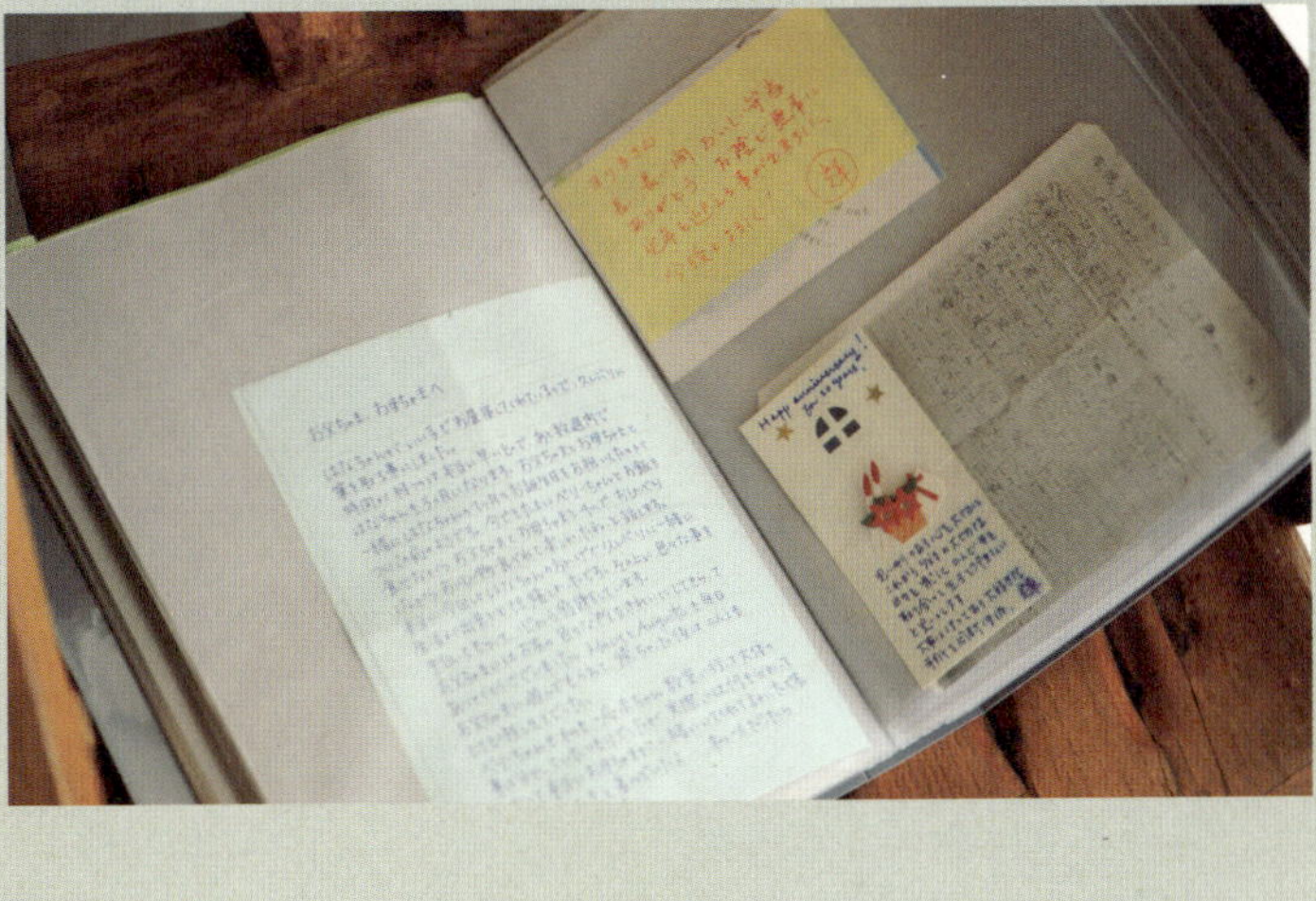

家族からの手紙は、ファイルに保管してあります。夫が定年の際にくれた手紙も、この中に。

シンプルレシピ

旬の食材を愉しむお料理

春

新じゃがいも

新じゃがのソテー（4人分）

①新じゃがいも400g（8〜10個）は皮つきのまま洗い、ふかして1.5cm厚さに切る。

②絹さや100gはさっとゆでる。

③フライパンにバター大さじ1、にんにく1かけ（みじん切り、またはスライス）を入れて中火にかけ、じゃがいもを加えて両面をこんがりと焼く。

④じゃがいもをすみによせ、空いたところで絹さやをさっと炒める。じゃがいもと合わせ、塩、こしょうで味を調える。

*じゃがいも、バター、にんにくは、王道の組み合わせです。

春きゃべつ

春きゃべつのスープ煮（4人分）

①春きゃべつ1個は縦4等分に切り、葉がばらばらにならないように芯を軽く切り取る。4等分のまま、たっぷりの湯で20秒ずつゆでて、ざるにあげる。

②薄切りベーコン12枚を半分に切る（24切れになる）。

③きゃべつの葉のあいだに、ベーコンを6切れずつはさみ、きゃべつの上にローリエ1枚をのせ、バラバラにならないよう爪楊枝でとめる。

④③を厚手の鍋にならべ、水を1.5cmそそぎ、中火にかける。煮立ったら弱火にし、落し蓋をして静かに20分ほど煮込む。

⑤きゃべつに甘味が出たら、塩ひとつまみを加え、さらに15分煮込む。最後に味見をして、足りなければ塩で調える。

*コンソメなどは使わなくても、素材の味で充分おいしく仕上がります。

菜の花

菜の花のごま和え（4人分）

①菜の花1束は歯ごたえが残る程度に塩ゆでする。水にとって冷まし、水けをきったら、5cm長さに切る。

②ボウルにすりごま大さじ2、しょうゆ大さじ1、砂糖小さじ1を入れてまぜ、菜の花を加えて和える。

*菜の花をゆですぎないのがコツです。

各種野菜

ぬか漬け（作りやすい分量）

①鍋に水5カップ、塩120gを入れ、火にかける。塩が完全にとけたら火を止めてそのまま冷ます。

②容器に、いりぬか1キロ、赤唐辛子3本、昆布20cm、実山椒大さじ1と、①を入れてよくまぜる。

③最初は水けの多いくず野菜（きゃべつ、大根の葉など）を入れ、毎日野菜を取り替えながら、その都度よくまぜる。

④10日間ぐらいで風味のあるぬか床ができる。

*ぬか床が酸っぱくなったら、粉がらし大さじ1を加えまぜる。

夏

枝豆

蒸し枝豆（作りやすい分量）

①枝豆一袋は、茎につながる先端部分を5mmほど切り落とす。水洗いし、塩適量をふってもむ（枝豆のうぶ毛をとる）。

②無水調理ができる鍋に枝豆、水½カップを入れ、中火にかけて5〜6分ほど蒸す。

③ざるにあげ、味を見て、足りないようなら塩をふって調える。

*枝豆はゆでるよりも、蒸すのがおいしいんです。無水鍋がない場合は蒸し器でふかしても。

とうもろこし

とうもろこしごはん（6人分）

①米3合は洗ってざるにあげ、30分ほど水気を切っておく。水けをきる。

②とうもろこし1本は、半分に切ってから、切り口を下にして安定した状態で、粒をそぎ落とす。

③①にとうもろこし、塩小さじ1、酒大さじ1を入れ、通常を同じ水加減で炊く。

*甘いとうもろこしごはんは、子どもたちの大好物です。

トマト、きゅうり

和風ピクルス（作りやすい分量）

①鍋にだし2カップ、酢⅔カップ、砂糖大さじ2を入れて火にかける。沸騰したら火を止め、粗熱をとる。

②保存容器に、きゅうり2本（好みの切り方で）、ミニトマト10～15個を入れ、①のピクルス液をそそぐ。冷蔵庫で1日以上おいてから食べる。

*酢はお好みでもっと減らしても。冷蔵庫に保存し、1週間ぐらいで食べきります。ミニトマトは皮を湯むきするとさらにおいしい。野菜は、セロリ、にんじん、かぶなどを漬けるのもおすすめです。

秋

さつまいも

さつまいものサラダ（4～5人分）

①さつまいも1本は皮ごとふかして、1cm幅に食べやすく切る。

②ボウルにマヨネーズ大さじ2～3、粒マスタード大さじ1、玉ねぎのみじん切り¼個分を入れ、さつまいもを加えて和える。

きのこ

きのこの蒸し煮（作りやすい分量）

①生しいたけ、しめじ、エリンギはだいたい長さを揃え、1cm幅ぐらいに裂く（分量は各2パック）。

②厚手の鍋に酒1½カップを入れてアルコールをとばす。

③水1½カップ、赤唐辛子1本、塩小さじ1を加えてまぜ、沸騰したらきのこ類を加えてさっとまぜ、蓋をして7～8分、時々まぜながら蒸し煮にする。

*炊き込みごはんやペペロンチーノの具、サラダや豆腐のトッピングに使えます。清潔な瓶に入れて冷蔵庫で約1週間保存可能。

れんこん

れんこんのきんぴら（4人分）

①れんこん1節は長さ4～5cm、幅5mmの棒状に切る。にんじん1本も同様の棒状に切る。

②フライパンにごま油適量をひき、①を入れてやわらかくなるまで炒める。

③酒とみりんを各大さじ1、しょうゆ大さじ2を加え、全体をまぜて汁けをからめる。

*れんこんを縦長に切るのがポイント。輪切りとはまた違う食感です。

冬

かぶ

かぶの焼きつけ（4人分）

①かぶ4個は葉を少し残して切り落とし、皮ごと1cm厚さに切る。

②フライパンにオリーブオイル大さじ2を入れて強火にかけ、かぶを入れて焼き目がつくまで両面をじっくり焼く。

③器に盛り、塩、こしょう適量をふる。

*かぶは中が半生ぐらいの焼き加減が美味。

大根

大根の葉のつくだ煮

①大根の葉はよく洗い、細かくきざんだら、さっと塩ゆでする。ざるにあげ、粗熱がとれたら水けを絞る。

②フライパンにサラダ油をひき、大根の葉を入れて炒める。酒、みりん、しょうゆを適量加えて、汁けをとばす。

③かつおの削り節適量を加えてまぜる。

*お好みでじゃこなど入れると、さらにおいしくなります。

にんじん

キャロットラペ（作りやすい分量）

①にんじん2本はピーラーなどで細い千切りにし、塩少々をふってしんなりしたら、水けを絞る。

②ボウルに酢大さじ5、オリーブオイル大さじ3、はちみつ（または砂糖）大さじ1、塩・こしょう少々を入れてよくまぜ、にんじんを加えてなじませる。

*お好みでクルミを入れたり、柚子、マスタードなどを加えても。

展開レシピ

本書掲載写真のお料理&
紹介レシピのバリエーション

厚揚げ(P20)

厚揚げの白和え(4人分)

①ブロッコリー1/4個はひと口大に切り、塩ゆでして水けをきる。
②厚揚げ1枚は熱湯にさっとくぐらせて油抜きをし、手であらくくずす。
③白練りごま大さじ1、マヨネーズ大さじ1をよくまぜ、香りがしたら、しょうゆ大さじ1½、砂糖大さじ½を加えて、さらにまぜ合わせる。
④ブロッコリー、もどしたキクラゲ適量を加えて和え、器に盛る。
*キクラゲの代わりにしめじを使っても。

天草(P19)

寒天(900~1000㎖の容器分)

①天草20gはよく洗う。
②大きな鍋に水1L、天草、酢大さじ½を入れ、強火にかける。沸騰したら弱火にし、吹きこぼれに注意しながら1時間ほど煮る(底に天草が沈まないよう、時々かきまぜる)。
③ふきん(またはさらし)でこし、容器に流し入れ、常温で固める。
*固まった寒天は、水につけて冷蔵庫で保存。3日に1度、水を替えると約1カ月間日持ちします。

ところ天

①寒天は細長く切る(4~5㎜幅)。器に盛り、酢じょうゆ、のり適量をかけ、好みで辛子をそえる。
*天突き器がなくても作れます。ヘルシーなおやつに。

なす、ピーマン(P36)

なすとピーマンの梅味噌炒め(4~5人分)

①なす4~5本は大きめの乱切りにして、塩少々をふり、5分ほどおく。水分が出たら、ペーパータオルで拭き取る。
②ピーマン3~4個は縦半分に切り、ヘタと種を取って、ひと口大に切る。
③ベーコン適量は2㎝幅に切る。
④フライパンにサラダ油少々をひき、ベーコンを軽く炒め、なす、ピーマンを加えて火が通るまで炒める。梅味噌大さじ2を入れて、全体にからめる。

梅干し(P42)

夏の梅おにぎり

①米を炊く時、1合に対して、梅干し1粒を入れて炊く。
②炊き上がったら、まぜて梅干しをくずし、種は取り除く。
③おにぎりを作る。
*梅干しは後から入れるより、炊く時に入れたほうが、おにぎりが傷みにくくなります。

ブールマニエ(P63)

ブールマニエで作るカレー(4~5人分)

①玉ねぎ2個は縦半分に切り、薄くスライスする。
②じゃがいも3個はひと口大に切り、水にさらしてざるにあげる(水につけると煮崩れしにくくなる)。
③にんじん1本は小さめの乱切りにする。
④豚肉400gはひと口大に切り、塩、こしょう、カレー粉適量をふり、よくまぜる。
⑤フライパンにバター適量と玉ねぎを入れ、弱火であめ色になるまでゆっくり炒める。
⑥フライパンにサラダ油を少々しき、肉を入れて両面を焼く。
⑦鍋に玉ねぎ、肉を入れ、水を4カップ入れて中火にかけ、肉がやわらかくなるまで煮る。
⑧さっと炒めたにんじんとじゃがいもを加えて、やわらかくなるまで煮る。
⑨ブールマニエ適量(水1カップに対して20gぐらいが目安)を加えてとろみをつけ、カレー粉、塩、こしょうなどで味を調える。

おせち料理（P90）

炒めなます（作りやすい分量）

①大根200g、にんじん100gは太めの千切りにする。れんこん150gは薄めのいちょう切り、干し椎茸4～5枚は戻して千切り、油揚げ1枚は2等分して5㎜幅に切る。
②酢½カップ、砂糖大さじ1½、塩小さじ½、薄口しょうゆ½を合わせておく（三杯酢）。
③鍋にサラダ油大さじ2を熱し、大根、にんじん、れんこんを入れて炒め、透き通ったらしいたけ、油揚げを加えて油がなじむまで炒める。
④三杯酢をまわし入れ、ひと煮立ちさせる。柚子の皮の千切り適量、あらずりした白ごま大さじ1を加える。

黒豆（作りやすい分量）

①厚手の鍋に水10カップ、砂糖230g、しょうゆ大さじ2，塩小さじ½、重曹小さじ1を入れ、ひと煮立ちさせてそのまま冷ます。
*錆びた釘を入れると真っ黒に仕上がる。
②黒豆250gは洗って水けをきり、①の鍋に入れてひと晩置く。
③鍋を中火にかけ、煮立ったら弱火にしてアクを取り除き、柔らかくなるまで約3時間ほど煮る。
④煮汁につけたまま冷まして味を含ませる。

田作り（作りやすい分量）

①フライパンにクッキングシートを敷く。ごまめ50gを入れて、弱火でときどきまぜながら、少し焦げ色がついてカリッとするまで炒める（15～20分程度）。炒めたごまめは網にのせて冷ます。
②鍋に合わせ調味料（砂糖大さじ3、しょうゆ大さじ2、みりん大さじ1、水大さじ2）を入れる。中火で煮立て、泡が細かくなってとろりとするまで煮て火を止める。
③すぐに②のたれに①のごまめを入れ、底からさっくりとまぜてからめる。
④バットなどにクッキングシートを敷き、その上にごまめを移し広げて冷ます。

れんこんのはさみ揚げ（4～5人分）

①れんこん450gは皮をむき、5～6㎜厚さに切る。
②むきえび400gは包丁の背でつぶし、みじん切りにする。
③ボウルに卵白1個分、酒小さじ1、塩小さじ⅓、②のえびを入れて、粘りが出るまでよくまぜる。
④れんこんの両面に片栗粉をふり、2枚で③をはさむ。
⑤フライパンに油2㎝ほどを入れて、揚げ焼きにする。

筑前煮（作りやすい分量）

①鶏もも肉1枚（300g）は3㎝角に切り、下味（酒、しょうゆ各大さじ1）をもみ込む。
②干ししいたけ小8枚は水でゆっくり戻す。
③こんにゃく1枚はひと口大に切り、下ゆでする。
④ごぼう1本は皮を洗い、れんこん小1節は皮をむき、にんじん1本、ゆでたけのこ中1個、すべて乱切りにする。
⑤鍋に油適量を熱し、①の鶏肉を入れて炒め、表面が白くなったら②～④を入れる。
⑥だし1カップ、酒大さじ3、砂糖大さじ2、みりん大さじ2、薄口しょうゆ大さじ3を加え、落し蓋をして汁けがほとんど無くなるまで煮る。
⑦器に盛り、ゆでた絹さや適量を添える。

鶏手羽の照り焼き（作りやすい分量）

①鶏手羽を洗い水気をきる。
②めんつゆに①の鶏手羽を20～30分位つける。
③魚焼きグリルに入れ、片面10分、返して10分、こんがり焼き上げる。
*②のめんつゆはP66のレシピをお使いいただくのがおすすめです。

おわりに

幸せを、感じていますか?

幸せは、いつも自分の身近にあって、自分自身がそれを感じられるかどうかに、よるもののような気がしています。


私はいつも一日5回は、身のまわりの幸せに目を向けてみます。

お天気が良くて幸せ、お洗濯物がよく乾いて幸せ、久しぶりの友だちとお話しができて幸せ――。

すると心に、幸せを感じる素敵なクセがついていきます。

自分が幸せな気持ちでないと、周りの人たちに幸せをお分けすることができません。だから自分の心の状態が、とっても大事。

いろんなことを完璧にしようとがんばって無理をするより、少しの手間とアイデアに、たっぷりの愛情をそそいでいれば、家の中は居心地よく整います。


日本には四季があり、さまざまな恵みに寄り添うことで、自然な暮らしが営まれてきました。

あれこれ頭で考えなくても、心で感じ、手を動かしていれば、毎日はとても豊かなものになっていきます。

そんなふつうの暮らしの尊さを、お若いみなさんにお伝えしたくて、この本をまとめました。

小さいお子さんがいる毎日は、思い通りにいかないことが多いかもしれません。けれども、せっかくのかけがえのない日々ですから、その幸せをたっぷり感じて、すごしていただきたいと思うのです。

みなさんの暮らしが幸せでみたされますことを、心よりお祈りしています。

坂井より子（さかい・よりこ）

1946年生まれ。神奈川県葉山在住。自宅で料理教室を主宰。

主婦歴40年の経験を生かし、やさしい家庭料理の伝授と暮らしの知恵を交えた語りが好評を博し、さまざまな世代の女性から人気を集める。

近年、お話し会を開催し、若いお母さんたちの支えとなる活動も行っている。

著書に「暮らしをつむぐ～より子式・日々の重ねかた」（技術評論社）がある。

www.motherdictionary.com/sakaiyoriko

Staff

ブックデザイン	矢部綾子（kidd）
取材・文	石川理恵
写真	高橋京子
企画進行	桑原紀佐子（mother dictionary）
DTP	五野上恵美、酒徳葉子、高瀬美恵子（技術評論社制作業務部）
編集	秋山絵美（技術評論社）

Special Thanks
小川純一、香菜子、山田里美（P.84～86「いつものごはんでおもてなし」）

Favorite Shop
葉山ギャラリー杢（P.26、91　落し蓋、お重）
http://www.kobo-moku.com/gallery/
※本書に掲載されている私物は、現在は入手できないものや1点ものが含まれます。

受《う》け継《つ》ぐ暮《く》らし
より子式《こしき》・四季《しき》を愉《たの》しむ家《いえ》しごと

2015年11月25日 初版　第1刷発行
2017年 3 月15日 初版　第6刷発行

発行者	片岡 巌
発行所	株式会社技術評論社
	東京都新宿区市谷左内町21-13
電話	03-3513-6150（販売促進部）
	03-3513-6166（書籍編集部）
印刷／製本	株式会社加藤文明社

定価はカバーに表示してあります。

ISBN978-4-7741-7710-6　C2077